AF452450

PETITE BIBLIOTHÈQUE MÉDICALE

A 2 FR. LE VOLUME

LA
GYMNASTIQUE
DES DEMOISELLES

PAR

E. ANGERSTEIN ET **G. ECKLER**

DOCTEUR EN MÉDECINE   PROFESSEUR DE GYMNASTIQUE

AVEC 55 FIGURES

PARIS

LIBRAIRIE J.-B. BAILLIÈRE ET FILS

RUE HAUTEFEUILLE, 19, PRÈS DU BOULEVARD SAINT-GERMAIN

1892

Lyon. — Imp. PITRAT AÎNÉ, A. Rey successeur, 4, rue Gentil. — 3100.

PETITE BIBLIOTHÈQUE MÉDICALE

LA GYMNASTIQUE

DES DEMOISELLES

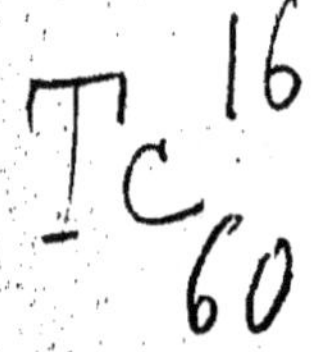

LA
GYMNASTIQUE
DES DEMOISELLES

PAR

E. ANGERSTEIN ET **G. ECKLER**

DOCTEUR EN MÉDECINE   PROFESSEUR DE GYMNASTIQUE

AVEC 55 FIGURES

PARIS

LIBRAIRIE J.-B. BAILLIÈRE ET FILS

RUE HAUTEFEUILLE, 19, PRÈS DU BOULEVARD SAINT-GERMAIN

1892

PRÉFACE

Dans le but de répandre l'habitude des exercices gymnastiques, nous avons publié une *Gymnastique à la maison* à l'usage des personnes en bonne santé et des malades [1].

Un grand nombre de personnes, surtout des médecins, nous ont engagés à publier un ouvrage du même genre, destiné spécialement aux jeunes filles et aux femmes.

Les exercices du corps, régulièrement exécutés, ont une grande importance pour la santé des femmes. La pauvreté du sang, la chlorose et toutes les incommodités qu'entraînent après elles ces affections si fréquentes, les diverses formes de nervosisme, l'hystérie, etc., toutes ces maladies seraient beaucoup moins fréquentes si la gymnastique jouait un plus

[1] Angerstein et Eckler, *La Gymnastique à la maison, à la chambre et au jardin*, Paris, 1892.

grand rôle dans la vie de la femme. La fraîcheur de la santé, la vigueur, un maintien ferme et droit, la grâce et l'agilité des mouvements, seraient alors des qualités beaucoup plus répandues chez les jeunes filles et chez les femmes.

Elles présentent certaines particularités naturelles qui nécessitent des indications spéciales dans la pratique des exercices gymnastiques, et d'ailleurs certaines considérations de convenance, des modes absurdes, des préjugés et autres causes semblables, les empêchent trop souvent, au détriment de leur santé, de faire suffisamment de l'exercice. Un livre de ce genre nous a paru pouvoir être d'une réelle utilité.

Nous nous sommes donc décidés à publier une *Gymnastique des demoiselles*.

Dans notre précédent ouvrage, nous n'avions admis que les exercices exécutés sans instruments ou simplement avec l'aide d'haltères et du bâton; dans celui-ci, nous avons ajouté les exercices à la balle, au tonique brachio-pectoral, à la barre fixe et aux anneaux, c'est-à-dire avec des instruments qu'on peut facilement se procurer et installer chez soi. Sans doute, on peut sans ces instruments atteindre le bnt que se propose la gymnastique chez soi; aussi n'avons-nous composé nos groupes d'exercices que de mouvements exécutés soit sans appareils, soit simplement à l'aide d'haltères ou du bâton, mentionnant à part ceux exécutés avec les autres instruments;

mais il n'est pas moins vrai que l'emploi de ces instruments peut être très utile, en secondant l'action des exercices, en leur donnant plus de variété et d'efficacité.

Les exercices de la *Gymnastique des demoiselles* ont avant tout pour but de conserver et d'affermir la santé, de la garantir contre l'invasion des maladies ; mais ils peuvent aussi, dans un grand nombre de cas, améliorer et guérir divers états morbides, tels que la faiblesse des organes respiratoires, l'anémie, les engorgements abdominaux, l'obésité, etc. Toutes les fois pourtant que l'on se trouvera en présence d'un trouble sérieux de la santé, on devra, avant d'avoir recours à ces exercices, consulter un médecin.

Les figures sont la reproduction de photographies faites spécialement pour ce livre et constituent donc des images fidèles d'exercices réellement exécutés.

Nous devons remercier M. le Dr Jules Alquier du soin qu'il a apporté à la traduction de ce volume.

E. ANGERSTEIN et G. ECKLER.

LA GYMNASTIQUE

DES DEMOISELLES

CHAPITRE PREMIER

LA GYMNASTIQUE CHEZ LA FEMME

I. Utilité de la gymnastique de chambre chez les jeunes filles et chez les femmes.

La santé des générations futures, l'avenir d'un peuple, dépendent en grande partie de l'éducation des jeunes filles; car les jeunes filles doivent un jour devenir épouses et mères, et elles ont, en cette qualité, de graves devoirs, dont elles ne peuvent s'acquitter parfaitement que *si elles jouissent de la santé du corps et de l'âme.*

C'est donc une tâche bien importante que celle qui consiste à maintenir et à fortifier, par une éducation convenable, par un genre de vie approprié, la santé des femmes et des jeunes filles. Malheureusement l'état actuel de notre civilisation est bien peu favorable à l'accomplissement de cette tâche, s'il n'y est pas directement opposé.

L'homme est un composé résultant de l'union d'un corps et d'une âme; il ne peut donc arriver à son développement complet, dans lequel toutes ses forces s'unissent en un tout harmonieux que si, par l'éducation, par un genre de vie approprié, le corps et l'âme sont en même temps l'objet de soins attentifs. Mais on fait relativement bien peu en vue de développer la santé et la force du corps, et ce peu que l'on fait est souvent à contre-sens. Ce ne sont pas seulement les femmes qui ont à souffrir de cet état de choses ; les hommes aussi en supportent les tristes conséquences : on voit assez souvent en effet, chez les personnes adonnées à l'étude, chez les employés, chez les marchands, chez les industriels, les excès des travaux de l'esprit, l'incessante préoccupation donner lieu à un état de langueur et d'étiolement, à des troubles nerveux, à une irritabilité extrême de l'humeur. à l'hypocondrie et à la mélancolie. Tous ces effets d'une activité exagérée de l'esprit se produisent d'autant plus facilement que cette activité n'est pas compensée par un exercice suffisant des forces du corps, et que les fonctions les plus importantes de l'organisme, particulièrement la circulation du sang et la respiration, manquent de la stimulation qui leur est nécessaire [1].

Mais les fâcheux effets de nos exigences sociales se font sentir bien plus vivement chez les jeunes filles et chez les femmes que chez les hommes.

L'école offre chez nous aux garçons des exercices gymnastiques réguliers, et du reste les mœurs ne leur défendent pas de se livrer à des jeux vifs et bruyants. Les hommes trouvent dans de nombreuses sociétés de gymnastique l'occasion d'exercer le corps, et, quand ils le veulent, ils peuvent, par de longues promenades, par le jeu de quilles, l'équitation, la nage, l'exercice de la rame, et bien d'autres exercices, favoriser le développement de leurs muscles [2].

[1] Voyez Angerstein et Eckler, *La Gymnastique à la maison, à la chambre et au jardin*, Paris, 1892.

[2] Voyez Leblond et Bouvier, *La Gymnastique et les exercices physiques*, Paris, 1888.

Il en est tout autrement des femmes. La jeune fille, surtout dans les classes élevées de la société, ne peut, pour des raisons de convenances, se livrer à de bruyants ébats, et les exercices gymnastiques, qui devraient compenser chez elle la trop longue immobilité à laquelle elle est condamnée, lui sont offerts, à l'école, beaucoup plus parcimonieusement qu'aux garçons. Les jeunes filles et les femmes n'ont que très rarement l'occasion d'exercer leur corps. Leurs promenades sont courtes, leurs mouvements gênés par leurs vêtements et par l'exigence des convenances, et ce n'est guère qu'à la danse qu'il leur est permis de se livrer à une joyeuse vivacité. Mais ici encore l'utilité qu'elles pourraient retirer de l'exercice est en grande partie supprimée par leurs vêtements incommodes, par la poussière, la chaleur, l'air malsain de la salle de bal et souvent aussi par la fatigue résultant de mouvements excessifs. Les exercices de la natation, de la gymnastique, ne sont malheureusement offerts que bien rarement aux jeunes filles et aux femmes, et souvent d'ailleurs, quand l'occasion se présente à elles de s'y livrer, les préjugés viennent les leur interdire.

Les excitations intellectuelles, au contraire, s'offrent en foule aux jeunes filles dans les écoles ; et, dans l'éducation de famille, la musique et l'étude des langues étrangères, auxquelles on fait une trop grande part, nécessitent aussi des efforts d'esprit absorbants ; aux femmes et aux mères s'imposent aussi des devoirs de famille et de société, qui exigent souvent des efforts intellectuels fatigants. Mais exercer rationnellement le corps, rendre puissant le fonctionnement respiratoire, activer la formation d'un sang riche et sain, stimuler les échanges organiques, on n'y songe que bien rarement.

Et cependant les exercices du corps ont, chez les femmes, surtout si elles s'y adonnent régulièrement de bonne heure, une influence considérable sur la santé. La pauvreté du sang, la chlorose, et toutes les incommodités qu'entraînent après elles ces affections si fréquentes, les diverses formes de nervosisme, l'hystérie, etc., toutes ces maladies seraient beaucoup moins fréquentes, si la gymnastique jouait un plus grand rôle dans la vie de la femme. La fraîcheur de la santé, la vigueur, un maintien ferme et droit, la grâce et l'agilité des mouvements seraient alors des qnalités beaucoup plus répandues chez les jeunes filles et les jeunes femmes. Sur ce terrain rendu vigoureux par l'exercice se développerait aussi une vie sexuelle plus saine et plus puissante, et la femme, qu'aurait fortifiée dès l'enfance une gymnastique rationnellement pratiquée, deviendrait la mère d'enfants sains et robustes.

Il règne encore contre les exercices du corps chez la femme certains préjugés, qui tiennent à ce qu'on s'imagine que la gymnastique des jeunes filles et des femmes doit se pratiquer avec les mêmes formes que chez les garçons et les hommes. C'est là une grande erreur. Il serait très irrationnel de soumettre les femmes aux exercices gymnastiques des hommes. La charpente osseuse de la femme est plus faible, plus délicate, que celle de l'homme; ses muscles sont aussi moins développés. Il faut donc que les exercices gymnastiques, chez la femme, soient plus faciles, que les contractions musculaires nécessitées par ces exercices soient moins énergiques et aient une durée moindre; tout exercice exigeant le développement d'une grande force doit donc ici être évité. Il faut aussi tenir compte de certaines particularités sexuelles et des bienséances, qui interdisent aux femmes certains exercices, auxquels les hommes seuls peuvent se livrer.

Des voix très autorisées se sont à maintes reprises élevées en faveur de l'utilité et de la nécessité des exercices musculaires chez la femme. Parmi les opinions émises à ce sujet, il faut citer, comme la plus importante, celle qui a été formulée par la *Société de médecine de Berlin*. Voici dans quels termes elle s'exprime :

« C'est un fait d'observation généralement admis, que nos jeunes filles, particulièrement celles qui habitent les villes, sont beaucoup plus que nos jeunes hommes sujettes à des troubles de la santé, qui sont d'autant plus déplorables qu'ils ont pour effet, non seulement d'altérer profondément l'existence des personnes qui en sont atteintes, mais encore d'imprimer un cachet de débilité à la génération née sur un pareil terrain. — Une faiblesse générale des muscles et des nerfs, des affections nerveuses de toute sorte, la chlorose, une croissance défectueuse, l'étroitesse de la poitrine et les déviations de la colonne vertébrale sont des états morbides qu'on observe très fréquemment chez nos jeunes filles, dix fois plus fréquemment que chez nos jeunes garçons. La cause de la fréquence de ces affections chez la femme n'est pas seulement dans la plus grande faiblesse de son organisation ; on doit la chercher surtout dans la négligence avec laquelle on traite son éducation physique, à l'âge précisément auquel le corps se développe le plus activement, c'est-à-dire de six à quinze ans. Tandis que le garçon peut se mouvoir librement, courir, grimper, sauter, etc., fortifier son corps par des jeux et se livrer à des exercices d'une gymnastique méthodique, la jeune fille, au contraire, est généralement privée, par ignorance ou par préjugé, des bienfaits d'un exercice fortifiant. Elle passe en général la moitié de sa journée dans des salles d'école le plus souvent installées dans de mauvaises conditions hygiéniques[1], et où l'obligation de se tenir longtemps assise sur des bancs incommodes fait prendre à son corps un maintien défectueux ; puis, pen-

---

[1] Voyez Collineau, *L'Hygiène à l'école*, Paris, 1889.

dant de longues heures, elle s'occupe de travaux de ménage et d'aiguille, de l'étude des langues, de dessin, de musique, sans que des *exercices corporels viennent ensuite neutraliser l'influence fâcheuse produite sur l'organisme par ces travaux sédentaires trop longtemps prolongés.*

« En qualité de médecins, nous ne pouvons élever trop haut la voix pour protester contre cet état de choses et pour demander qu'on y remédie. Et nous signalons, comme remède le plus important, à côté de divers exercices à l'air libre (jeux, natation, patinage, etc.), l'institution d'une gymnastique méthodique à l'usage des jeunes filles.

« La gymnastique fortifie le système musculaire, fait dilater la poitrine, donne aux mouvements de la fermeté et de la grâce, favorise le développement des membres et de l'organisme tout entier. La force des nerfs moteurs, en s'accroissant, fournit un solide contre-poids au système nerveux de la sensibilité. La force morale augmente et, avec elle, la force de résistance aux influences morales et matérielles, qui n'agissent que trop souvent d'une manière fâcheuse dans la vie ultérieure de la femme.

« La constitution délicate de l'organisme féminin, la faiblesse de sa charpente osseuse et de son système musculaire, n'interdisent nullement à la femme l'usage de la gymnastique, mais doivent naturellement être prises en considération dans le choix des exercices. Ces exercices doivent être adaptés à l'âge et aux forces des jeunes filles.

« En première ligne il faut placer les jeux et les exercices d'une gymnastique facile, pouvant être exécutés sans instruments; quant à ceux qui exigent l'emploi d'instruments, on ne peut utiliser que ceux qui ne demandent pas un trop grand déploiement de force, qui ne présentent aucun danger et qui ne sont pas de nature à blesser la pudeur féminine. Le maître devra savoir, en variant convenablement les exercices, en donner le goût aux jeunes filles, qui naturellement y sont peu disposées. Il ne perdra jamais de vue les règles de la bienséance.

« Les jeunes filles malades, celles chez lesquelles l'épine dorsale a déjà subi une déviation, celles qui présentent des vices de conformation des épaules ou des hanches devront être traitées dans des établissements spéciaux.

« Nous avons vu l'éducation gymnastique des jeunes filles, instituée d'après ces principes et mise en pratique, depuis quelques années, dans plusieurs établissements privés, produire les résultats les plus avantageux. Des filles pâles, faibles, au maintien défectueux, sont devenues fraîches, droites et vigoureuses, et notre expérience nous permet d'admettre que, grâce à un traitement gymnastique commencé de bonne heure, vers la septième ou la huitième année de la vie, et continué ensuite d'une manière régulière, on pourra éviter presque toujours la production des déviations de la taille, même chez les jeunes filles qui y sont très disposées.

« C'est donc avec une conviction profonde que nous joignons nos efforts à ceux de la Société des gymnasiarques en vue d'établir un enseignement gymnastique général pour les jeunes filles.

« Berlin, le 17 février 1861.

« La Société de médecine de Berlin. »

Relevons encore quelques remarques qui ont été faites, sur la gymnastique chez les filles, dans le rapport médical au sujet de l'organisation des écoles supérieures de demoiselles en Alsace-Lorraine[1].

[1] Strasbourg, 1881.

Nous extrayons de ce rapport les remarques suivantes :

« Ayant été forcés à plusieurs reprises de reconnaître que la vigueur donnée au corps par des exercices gymnastiques appropriés est seule en état de contrebalancer les effets nuisibles produits par un repos trop prolongé, le devoir s'impose à nous impérieusement de chercher par quels moyens on pourra le mieux résoudre ce problème important dans les écoles supérieures de jeunes filles.

« Comment s'étonner que les avantages de la gymnastique ne soient pas universellement reconnus, quand on voit combien de préjugés, combien d'idées fausses, règnent encore dans le monde au sujet des formes de la beauté féminine? N'admire-t-on pas ces « tailles de guêpe », que finissent par se donner certaines jeunes filles au moyen d'étroits corsets, qui, les serrant horriblement, déplacent de leur situation normale les organes abdominaux, gênent la circulation du sang dans ces organes, et troublent les fonctions respiratoires et digestives? Les maux produits par ces corsets sont innombrables ; ils empêchent le développement naturel du corps et contribuent à la production de la chlorose et d'un grand nombre d'autres maladies qui affligent les femmes. Pour les jeunes filles ainsi emprisonnées dans ces cuirasses, les exercices gymnastiques ne peuvent évidemment être d'aucune utilité, car ils sont chez elles impraticables.

« La gymnastique fortifie le système musculaire, fait dilater la poitrine, donne aux mouvements de la fermeté et de la grâce, favorise le développement des membres et de l'organisme tout entier. La force des nerfs moteurs, en s'accroissant, fournit un solide contre-poids au système nerveux de la sensibilité. La force morale augmente et, avec elle, la force de résistance aux influences morales et matérielles, qni n'agissent que trop souvent d'une manière fâcheuse dans la vie ultérieure de la femme. »

On ne peut nier qu'une gymnastique rationnellement pratiquée ne présente de grands avantages sur les autres exercices, qui ont été recommandés pour conserver et améliorer la santé chez les femmes. De longues promenades, l'ascension des montagnes, l'exercice de la natation, peuvent sans doute avoir des effets utiles ; mais beaucoup de femmes sont obligées de s'abstenir de ces exercices, ou ne peuvent s'y livrer que difficilement ou irrégulièrement. Il est souvent difficile d'ailleurs d'apprécier exactement les effets qui en résultent.

La gymnastique, au contraire, est beaucoup plus sûre dans son action et, sous la forme de la *gymnastique chez soi*, elle peut facilement être partout mise en usage.

Elle produit, il est vrai, ses effets les plus favorables, quand on la pratique en société avec d'autres personnes. Aussi, chez les enfants qui fréquentent les écoles, les exercices gymnastiques qu'on y enseigne sont-ils pour eux les meilleurs auxquels ils puissent se livrer.

Mais on ne fait point de gymnastique dans toutes les écoles de filles ; dans la plupart de ces écoles on n'enseigne que quelques exercices tout à fait insuffisants aux besoins de beaucoup d'enfants ; les jeunes filles élevées en dehors des écoles et les femmes d'un âge mûr ne trouvent que bien rarement l'occasion de faire de la gymnastique en société.

Dans de telles circonstances, une gymnastique méthodique, pratiquée chez soi et composée d'exercices gradués et rationnellement choisis, offre [aux jeunes filles et aux dames un moyen précieux d'éviter les inconvénients qui résultent d'une négligence complète des exercices du corps.

II. Effets produits par les exercices du corps.

Le corps humain a pour soutien une *charpente osseuse*.
Dans plusieurs parties du corps (crâne, thorax), les os
forment des cavités à parois solides, dans l'intérieur des-
quelles sont contenus et protégés des organes importants.
Les os constituent en même temps des leviers, par l'intermédiaire desquels se produisent les mouvements.

Tout autour de cette charpente osseuse sont disposés, en
couches plus ou moins épaisses, des *muscles*, qui ont la
forme soit de cordes arrondies, soit de lames plus ou moins
larges. Les extrémités ou les bords de ces muscles sont en
général fixés aux os, de telle sorte que chaque muscle
s'insère par ses deux extrémités à deux os différents, pouvant se mouvoir l'un sur l'autre au moyen d'une articulation. Les muscles possèdent la propriété de se contracter,
de se raccourcir, sous l'influence d'une excitation qu'ils
reçoivent par l'intermédiaire d'un nerf. En se raccourcis-
sant, ils font mouvoir les deux os, auxquels se fixent
leurs extrémités. C'est ainsi que les muscles président
aux mouvements des diverses parties de l'organisme.

La nutrition de toutes les parties du corps se fait par
l'intermédiaire du *sang*. Ce liquide circule dans des
tubes membraneux (vaisseaux sanguins), et il est poussé
à travers tous les organes par les contractions du cœur,
qui agit à la manière d'une pompe. Du cœur partent les
artères, qui, arrivées dans les divers organes du corps,
s'y ramifient et finissent par former de fins capillaires, à
travers les minces parois desquels transsudent et pénètrent
dans les tissus environnants les éléments nutritifs du sang.
En même temps les vaisseaux capillaires reçoivent des tissus les éléments liquides, qui y ont subi certaines modifications chimiques et qui sont ainsi devenus impropres à la

nutrition. Ce sang ainsi modifié, devenu, par suite des phénomènes chimiques qui se sont accomplis dans l'intimité des tissus, plus pauvre en oxygène et plus riche en acide carbonique, circule alors dans les veines, qui le ramènent au cœur. Ce trajet du sang porte le nom de *grande circulation*. D'autre part le sang, circulant à travers certaines artères, se rend du cœur aux poumons, lesquels au nombre de deux, l'un droit et l'autre gauche, remplissent la cavité thoracique, laissant entre eux un espace, dans lequel est logé le cœur. Les poumons, par leur fonctionnement (respiration), régénèrent le sang, en lui fournissant de l'oxygène nouveau, en même temps qu'ils le débarrassent de l'excès d'acide carbonique, qu'il contenait. Ainsi revivifié par l'oxygène qu'il vient de recevoir, et purifié par l'élimination de l'acide carbonique, le sang circule dans des vaisseaux veineux, qui le ramènent des poumons au cœur. Ce trajet du sang du cœur aux poumons et des poumons au cœur a reçu le nom de *petite circulation*.

Les divers éléments du sang (eau, albumine, fibrine, corps gras, sels) constituent les matériaux qui servent à former les divers tissus de l'organisme. Ces matériaux, subissant dans les tissus des modifications continuelles, ont besoin d'être continuellement remplacés. C'est à ce remplacement que pourvoient les organes digestifs, qui font subir aux substances alimentaires qu'elles reçoivent de l'extérieur des modifications telles, que ces substances deviennent aptes à être assimilées et à se transformer en éléments organiques. Les *organes digestifs* sont formés par l'œsophage, l'estomac, le canal intestinal, et par quelques grands organes glandulaires, le foie et le pancréa s qui constituent des annexes du canal intestinal. L'œsophage s'étend de la bouche à l'estomac à travers le cou et la cavité thoracique ; l'estomac est situé à la partie supérieure de la cavité abdominale et à gauche ; à sa droite et vis-à-vis, dans la même cavité, se trouve le foie. A l'estomac fait suite le canal intestinal, qui, composé de l'intestin grêle et du gros intestin, remplit la plus grande partie de la cavité abdominale. La digestion des aliments commence dans la bouche, où, par l'action de la salive, se produit la dissolution des aliments féculents. Mais le travail digestif le plus important s'accomplit dans l'estomac, qui, par son produit de sécrétion, le suc gastrique, dissout et rend absorbables les aliments albumineux. La digestion se continue dans l'intestin grêle, où, principalement par l'action de la bile, que secrète le foie, se digèrent les corps gras contenus parmi les aliments. Les substances alimentaires, ainsi modifiées par la digestion, sont absorbées par les vaisseaux lymphatiques, qui se trouvent dans les parois de l'intestin grêle, et de là elles passent dans le torrent veineux de la grande circulation. C'est ainsi que les fonctions digestives réparent constamment les pertes faites par le sang. Les parties des aliments qui ne peuvent plus être utilisées par la digestion arrivent dans le gros intestin, dont les parois, en se contractant, les font cheminer peu à peu et finissent par les expulser.

Tout organe améliore par l'activité ses facultés fonctionnelles. C'est en cela que consiste essentiellement l'action de l'exercice. Plus un organe travaille, plus les transformations chimiques s'y produisent avec activité; les éléments nutritifs s'y épuisant alors plus rapidement, il faut qu'ils soient plus rapidement remplacés, et que la nutrition et la respiration fournissent à l'organisme de nouveaux matériaux en quantité suffisante. C'est dans cet échange incessant et plus ou moins actif d'éléments éliminés et d'éléments absorbés, que l'organe trouve les conditions les plus favorables à son fonctionnement et à son développement. Si donc les muscles du corps sont soumis à des exercices méthodiques et réguliers, ils se développent mieux, deviennent plus forts et capables de se contracter plus énergiquement et plus longtemps ; ils fonctionnent aussi avec plus de précision, et, les mouvements d'ensemble résultant du fonctionnement de plusieurs groupes musculaires s'exécutant avec plus d'assurance, le corps gagne en adresse et en grâce.

En même temps cette activité musculaire produit des effets avantageux sur l'ensemble de l'organisme ; car les muscles forment la plus grande masse des parties molles du corps ; et cette masse considérable de muscles, soumise à un exercice actif, ayant besoin, pour se nourrir, de beaucoup de sang nouveau, il en résulte que la circulation s'accélère, que la respiration et la digestion se font plus énergiquement, que les échanges chimiques deviennent plus actifs et que la température du corps s'élève. Chacun sait par sa propre expérience que, à la suite de vifs mouvements, le cœur bat plus rapidement et plus énergiquement, que le pouls devient plus accéléré, que les mouvements respiratoires deviennent plus amples, que les joues se colorent, que la chaleur intérieure s'accroît, et enfin que l'appétit augmente. Si alors on fournit au corps une alimentation proportionnée à ses besoins, les organes ainsi stimulés sauront tirer des matériaux alimentaires qui leur sont fournis le meilleur parti possible. C'est ainsi qu'un exercice méthodique des muscles aura pour résultat de rendre la santé meilleure ; les troubles de l'hématose (chloro-anémie), les stases dans la circulation sanguine, particulièrement dans le système de la veine-porte (hémorroïdes), les engorgements du foie, la constipation, les troubles digestifs et maintes autres incommodités diminueront et pourront marcher peu à peu vers la guérison. Le développement de la vie sexuelle, chez les jeunes personnes, pourra aussi s'accomplir paisiblement et sans troubles fâcheux, car les muscles qui fonctionnent activement ayant besoin, pour leur nutrition, d'une grande partie des aliments ingérés, et, pour leur excitation, d'une partie considérable de l'énergie nerveuse de l'organisme, il en résultera que l'appareil sexuel, ne recevant pas un excès d'éléments nutritifs ni un excès de stimulation nerveuse, ne se développera pas trop rapidement.

Il faut encore remarquer que l'exercice de certains groupes musculaires peut produire, en dehors de ses effets généraux, des effets particuliers sur certaines parties de l'organisme et sur leur fonctionnement. Ainsi les muscles qui entourent la cage thoracique, et qui, s'insérant sur cette cage par une de leurs extrémités, se fixent aux bras par leur autre extrémité, concourent à la respiration et en favorisent le fonctionnement, en acquérant eux-mêmes plus de force. En fonctionnant plus activement, ils favorisent en effet la dilatation de la cage thoracique et rendent par suite les inspirations plus énergiques. Leur exercice régulier, en même temps qu'il active la respiration, a encore pour conséquence d'améliorer l'hématose, d'activer les échanges organiques et d'accélérer l'élimination des éléments usés des tissus. De même les masses musculaires, qui limitent en avant et sur les côtés la cavité abdominale, favorisent directement par leurs contractions le mouvement des matières intestinales ainsi que la circulation du sang dans les vaisseaux du bas-ventre, de sorte qu'un exercice régulier de ces muscles agit favorablement dans la plupart des affections chroniques de l'abdomen.

Toutes les fonctions de l'organisme sont excitées et dirigées par le *système nerveux*, qui préside en même temps aux opérations intellectuelles. Le système nerveux est composé de parties centrales et de parties périphériques; les parties centrales sont : le cerveau, logé dans la cavité crânienne, et la moelle épinière, contenue dans le canal vertébral; les parties périphériques sont constituées par

les nerfs, qui, sous forme de cordons ou de fils, se ramifient à la manière des rameaux d'un arbre et vont se répandre dans le corps. Les parties centrales sont la source
de toute activité organique, les nerfs ne sont que des
organes conducteurs.

Parmi les nerfs, les uns (nerfs sensitifs), à l'aide des
organes des sens (œil, oreille, organes de l'odorat, du
goût, du toucher), reçoivent les excitations du monde extérieur (impressions lumineuses, sonores, chimiques ou
mécaniques) et les transmettent aux parties centrales, qui
les perçoivent et réagissent; les autres (nerfs moteurs)
reçoivent des parties centrales une excitation, qu'ils transmettent aux divers organes du corps, dans lesquels ils
se distribuent, et les provoquent ainsi à des actes déter-
minés.

Si donc, par un exercice régulier des muscles du corps,
l'organisme se trouve dans un état florissant, il est évi-
dent que le système nerveux, ce stimulateur et ce régu-
lateur de l'organisme, en éprouvera une influence bienfaisante. Car le système nerveux travaille et se régénère
constamment à condition que l'ensemble de l'organisme,
dont il est une partie, se trouve dans un état de nutrition
convenable. Parmi les heureux résultats de cet état favorable produit par les exercices corporels se présente un
sommeil sain, paisible et fortifiant, qui à son tour exerce
une action bienfaisante sur la vie du corps et de l'esprit.

Les nerfs moteurs, qui provoquent par leur excitation
les contractions musculaires, reçoivent aussi directement
de l'exercice des muscles une aptitude à mieux fonctionner;
car l'activité d'un muscle de même que les mouvements
coordonnés de plusieurs muscles ou de plusieurs groupes
musculaires dépendent en somme d'une excitation nerveuse, de sorte que l'exercice des muscles est, à proprement parler, plutôt un exercice nerveux qu'un exercice

musculaire. L'amélioration de l'activité d'une partie du système nerveux exerce indirectement une action favorable sur les autres parties de ce système, de sorte qu'une influence avantageuse s'exerçant sur les nerfs moteurs des muscles retentit sur les sphères sensibles du système nerveux, et c'est ainsi qu'on voit un état d'irritabilité ou de faiblesse nerveuse diminuer ou disparaître.

Un système nerveux sain constitue le terrain le plus favorable au développement normal de l'esprit et de l'âme. Un système nerveux malade, au contraire, est toujours la source de troubles psychiques nombreux. Or la pratique méthodique des exercices du corps, favorisant le développement d'un système nerveux sain, aura aussi pour résultat d'agir avantageusement sur l'esprit, de le rendre vif, pénétrant, et d'amener en même temps la guérison d'un grand nombre de troubles psychiques et d'affections spasmodiques. Ajoutez à cela que certaines qualités psychiques précieuses peuvent être les conséquences presque directes des exercices gymnastiques. Par exemple, l'énergie de la volonté et la constance, que nécessite la pratique régulière des contractions musculaires, se développent de plus en plus et finissent par passer dans le caractère de l'individu ; l'attention soutenue, la volonté rapide, qui règlent les mouvements et les combinent dans un ensemble harmonieux, prennent un développement considérable et font naître la qualité de saisir rapidement par l'esprit les situations nouvelles, de réagir promptement contre les excitations reçues, font naître, en d'autres termes, la hardiesse, la fermeté, la présence d'esprit.

III. Règles pour la pratique de la gymnastique de chambre.

La gymnastique de chambre n'a nullement la prétention d'amener la guérison des états morbides d'une certaine gravité. Elle n'est donc pas une gymnastique curative dans le sens restreint du mot; elle est plutôt diététique, c'est-à-dire qu'elle a pour but d'entretenir la santé, de développer les forces; mais elle peut aussi être employée avec avantage dans un grand nombre d'affections, telles que celles qui sont signalées dans le troisième chapitre de ce livre. Là où ces affections se présentent avec un certain caractère de gravité, il est bon, avant d'avoir recours à la gymnastique, de prendre l'avis d'un médecin.

Nous mettons principalement en usage les *exercices libres de la gymnastique*, exercices pouvant être exécutés en tout lieu, sans aucun préparatif; nous employons aussi les exercices exécutés avec certains instruments, qu'on peut se procurer facilement, tels que *bâtons de bois, haltères en fer* et *balles légères*. Les *effets d'un grand nombre d'exercices libres peuvent être considérablement augmentés par l'exécution de ces exercices à l'aide d'haltères*. Bien que ces exercices (avec et sans instruments) suffisent entièrement pour obtenir les effets utiles de la gymnastique chez soi, nous avons cependant ajouté, pour les personnes qui désirent plus de variété et des effets plus intenses, une série d'exercices avec le *fortifiant des bras et de la poitrine de Largiardère*, à *la barre fixe* et *aux anneaux*, exercices pouvant être employés très avantageusement dans certains états morbides. Quelques-uns des exercices à la barre fixe peuvent aussi, comme nous l'indiquons à propos de leur description, être exécutés simplement au moyen d'une table ou d'une chaise.

Toute personne intelligente peut exécuter ces exercices sans l'aide de personne, en mettant simplement à profit les préceptes donnés dans ce livre et en imitant exactement les poses et les mouvements représentés par les figures. Les enfants ont cependant besoin de la surveillance et de la direction d'une personne adulte, surtout dans les exercices à la barre fixe et aux anneaux ; ici le maître doit en même temps veiller à ce qu'aucun accident ne se produise.

C'est à dessein que nous excluons de la pratique de la gymnastique chez soi les mouvements doublés ou résistants, que l'on emploie souvent avec avantage dans certains états morbides, ainsi que les mouvements passifs de la gymnastique curative suédoise, de même d'ailleurs que le massage [1], parce que ces exercices, quand ils ne sont pas exécutés d'une manière parfaitement correcte sous la direction d'un médecin expert dans la gymnastique curative, ne présentent que peu d'utilité et peuvent même être plutôt nuisibles qu'avantageux ; d'ailleurs l'exécution correcte de ces exercices exige le concours d'un maître instruit dans l'art de la gymnastique.

Les exercices de la gymnastique chez soi doivent, pour produire des effets réellement avantageux, être pratiqués avec une *régularité* absolue. Leur durée quotidienne doit, chez les jeunes enfants et chez les personnes faibles, être environ d'une demi-heure ; chez les personnes vigoureuses et exercées, cette durée peut aller jusqu'à une heure. Les personnes faibles, qui veulent obtenir de la gymnastique chez soi des effets aussi marqués que possible, peuvent s'y livrer deux fois par jour, chaque fois une demi-heure. Dans un grand nombre de cas, par

[1] Murrell, *La Pratique du massage ; action physiologique, emploi thérapeutique*, Paris, 1883,

exemple chez les personnes très excitables, il peut être utile de répartir en plusieurs séances la somme des exercices qui doivent être exécutés dans une journée.

La pratique de la gymnastique chez soi doit être continuée pendant longtemps avec une *persévérance régulière;* elle doit, en quelque sorte, devenir une véritable habitude de tous les jours. C'est à cette seule condition qu'elle peut produire tous ses effets. Celui qui, au bout de quelques semaines d'exercice, s'impatiente de ne pas voir arriver les résultats désirés, se fait illusion. Ces exercices, convenablement choisis suivant les principes exposés plus loin[1], s'adressent aux personnes de tout âge. Mais ils doivent être proscrits dans les cas de maladies aiguës fébriles, dans les cas d'inflammations, ainsi que chez les femmes durant la grossesse et quand la menstruation est trop abondante ou accompagnée d'accidents. Les indispositions légères ne sont, au contraire, nullement une cause d'interruption de ces exercices.

Les divers mouvements doivent être exécutés avec *attention* et avec *énergie*, exactement dans les formes prescrites, et ils doivent être répétés un nombre de fois déterminé. Ce nombre devra varier suivant la force de l'exécutant, et il devra augmenter peu à peu à mesure que s'accroîtra cette force. Les limites de ces nombres sont indiquées, pour chaque exercice, au chapitre III. A la fin de chaque exercice l'exécutant devra faire une courte pause, pendant laquelle il respirera *paisiblement* et *profondément.* Ce genre de mouvements respiratoires (inspiration et expiration pleines, égales et aussi profondes que possible) est très utile à la santé, notamment pendant les promenades, et seconde beaucoup l'action bienfaisante de la gymnastique chez soi. Avant de passer à un second

[1] Voyez chapitre III.

exercice, il faut avoir soin d'attendre que l'accélération des battements du cœur et des mouvements respiratoires, provoquée par l'exercice précédent, se soit calmée.

Chaque exercice quotidien doit amener un sentiment de fatigue modéré, agréable, jamais de la prostration ou de l'épuisement. Chaque séance doit commencer par des exercices qui n'exigent que de légers efforts ; puis viennent des mouvements plus actifs, plus puissants ; et, à la fin de la séance, des mouvements plus tranquilles. Ce n'est que petit à petit que l'on doit augmenter la difficulté des exercices, et cette observation s'adresse surtout aux personnes faibles. L'âge avancé ne s'accommode en général que d'exercices tranquilles ; chez les jeunes enfants, les mouvements devront être doux, et exécutés avec moins d'énergie et de raideur que chez les jeunes filles et les femmes vigoureuses.

S'il survient, à la suite de ces exercices, des vertiges, des douleurs dans la poitrine, dans les régions inguinales, ou toute autre incommodité, on devra interrompre les séances et consulter un médecin. Les légères douleurs musculaires, qui se manifestent dans les premiers temps chez les personnes non exercées, sont insignifiantes et ne nécessitent pas la suspension des séances. Mais si ces douleurs musculaires reviennent constamment à la suite des exercices, il faudra les répartir en plusieurs séances, interrompues par plusieurs heures d'intervalle.

Il convient que, pendant l'exécution des exercices, les organes digestifs soient, autant que possible, à l'état de vacuité. Les *heures du jour* les plus favorables pour se livrer à la gymnastique sont donc celles qui *précèdent les repas*. On devrait choisir de préférence le matin, avant le déjeuner, ou avant le dîner ; mais on peut aussi admettre l'heure qui précède le repas du soir.

Entre l'exercice et le repas il faut ménager un temps

de pause, afin que l'excitation produite par les mouvements ait eu le temps de disparaître et que l'organisme soit revenu au repos. On pourrait aussi se livrer à ces exercices à une heure avancée de la soirée, particulièrement quand on a en vue d'en obtenir un bon sommeil [1]. Mais dans ce cas, les mouvements ne doivent pas être trop excitants, et ici encore il faut un intervalle entre l'exercice et le moment où l'on se met au lit.

Il est bon que les organes du bas-ventre soient à l'état de vacuité pendant les séances gymnastiques ; on ferait donc bien de ne s'y livrer qu'après avoir évacué le contenu de l'intestin et de la vessie.

Il est très avantageux de se livrer à ces exercices *en plein air*, par un beau temps, et, si c'est possible, dans un jardin, parce que les mouvements respiratoires stimulés par l'exercice produisent, quand ils s'exécutent dans un air frais et pur, une heureuse influence sur la santé. Quand le temps est mauvais, surtout quand souffle un vent piquant de l'est ou du nord, ou encore quand on ne peut trouver en plein air un endroit convenable, on devra faire ses exercices dans une *chambre bien aérée*, non humide, sans poussière ni fumée. Les fenêtres en seront laissées ouvertes pendant les exercices, même quand le temps est mauvais, pourvu que les courants d'air ne soient pas trop violents.

Le vêtement de l'exécutant doit être commode et laisser libres les mouvements du corps. Toute gêne, surtout si elle se produit au cou, à la poitrine ou au ventre, a une action tout à fait fâcheuse dans ces exercices. On devra surtout éviter les corsets, les robes serrées au-dessus des hanches, les jarretières étroites, non élastiques.

[1] Voyez Tissot, *Gymnastique médicale et chirurgicale*, Paris, 1870.

CHAPITRE II

LES EXERCICES DE LA GYMNASTIQUE DE CHAMBRE

I. Positions.

En commençant les exercices, on se met dans la *position fondamentale*. C'est dans cette position que les exercices sont exécutés, à moins qu'il ne soit indiqué de prendre d'autres positions particulières.

Dans la *position fondamentale*, les talons se touchent, la pointe des pieds est dirigée en dehors de telle façon que les pieds forment presque un angle droit ; les jambes sont étendues ; le tronc et la tête droits, les épaules un peu renversées. Les bras pendent naturellement aux côtés du corps, les doigts sont légèrement fléchis et rapprochés l'un de l'autre, les pouces dirigés en avant.

On appelle *position de rapprochement*, celle qui se produit quand les pieds, pivotant sur les talons, la pointe légèrement élevée, tournent en dedans, de telle façon que leurs bords internes se touchent (voyez fig. 3).

Quand un pied se porte directement ou obliquement en

avant ou en arrière, la position qui en résulte s'appelle *position de locomotion* (voyez fig. 31).

Pour affermir et corriger le maintien du corps, il est bon, dans plusieurs exercices, d'appuyer les mains sur les hanches ou de croiser les bras derrière le dos.

Quand les mains s'appuient sur les hanches, les pouces sont dirigés en arrière et les autres doigts, rapprochés l'un de l'autre, sont dirigés en avant. La paume des mains appuie dans toute son étendue, et les coudes se trouvent dans la direction des épaules (voyez fig. 1).

Quand les bras sont croisés derrière le dos, les avant-bras reposent sur le dos et les mains saisissent les bras (fig. 2) ou les avant-bras au voisinage du coude.

II. Mouvements de la tête (Exercices du cou)

Les mouvements de la tête doivent tous être exécutés avec douceur et uniformité, jamais avec brusquerie.

1. Rotation de la tête. — Les pieds sont en position fondamentale, les mains s'appuient sur les hanches, ou les bras sont croisés derrière le dos. La tête, tenue verticalement, tourne lentement et uniformément autour de son axe longitudinal, de façon à regarder alternativement l'épaule gauche et l'épaule droite (fig. 1).

Il faut éviter, dans cet exercice, de fléchir la tête et de mouvoir les épaules.

2. Flexion de la tête en avant et en arrière. — Les pieds en position fondamentale, les mains appuyées sur les hanches. La tête, sans contorsion, sans secousse, par un mouvement uniforme et continu, se fléchit en avant, jusqu'à ce que le menton vienne toucher aussi facilement que possible la poitrine.

Après être restée un moment dans cet état de flexion, la tête revient lentement à sa position verticale primitive.

La flexion en arrière se fait de la même façon. La partie supérieure du corps et particulièrement les épaules doivent rester en repos, ne doivent pas prendre part à ce mouvement.

Fig. 1. — Rotation
de la tête.

Fig. 2. — Flexion latérale
de la tête.

3. Flexion latérale de la tête. — Les pieds en position fondamentale, les bras croisés derrière le dos. La tête, d'abord verticale, se fléchit latéralement à droite, puis à gauche (fig. 2).

Il faut éviter de tourner la tête, de l'incliner en avant ou en arrière, d'élever ou d'abaisser les épaules.

4. Circumduction de la tête. — Les pieds en position fondamentale, les mains appuyées sur les hanches. On fléchit la tête en avant, et puis, sans la ramener dans la position verticale, on la porte, par un mouvement lent et uniforme, latéralement à gauche, puis en arrière, puis latéralement à droite (ou inversement, en commençant par la droite), puis encore en avant, etc. La face, dans cet exercice, conserve sa direction en avant.

Ces mouvements de la tête agissent favorablement dans les cas d'affaiblissement ou de parésie des muscles du cou et de la nuque. On peut donc les mettre en usage dans les cas de maintien vicieux habituel de la tête, notamment dans le torticolis, auquel on peut opposer avantageusement des mouvements de flexion du côté opposé à celui du torticolis. Ces mouvements sont également avantageux pour combattre l'état de raideur des articulations des vertèbres du cou.

Fig. 3. — Rotation du tronc.

III. Exercices du tronc.

Tous ces exercices du tronc doivent être exécutés avec des mouvements lents et uniformes.

5. Rotation du tronc. — Les pieds en position de rapprochement, les mains appuyées sur les hanches, ou les bras portés horizontalement en avant (fig. 3). La partie supérieure du corps tourne, autour de son axe longitudinal et avec le plus d'étendue possible, alternativement à droite et à gauche ; la tête suit ce mouvement, sans tourner pourtant sur elle-même. Les pieds restent fixés au sol par toute la plante, les jambes restent étendues.

6. Flexion du tronc en avant et en arrière. — Les pieds en position fondamentale, les mains appuyées sur les

Fig. 4. — Flexion du tronc en avant.

hanches. Les jambes étant en extension complète, la tête s'incline d'abord en avant (ou en arrière) ; puis le tronc, par un mouvement lent et uniforme, se fléchit dans la même direction, de sorte que, toute la colonne vertébrale participant à ce mouvement, il se forme un angle au niveau de l'articulation de la hanche (fig. 4 et 5).

Les épaules ne doivent être le siège d'aucun mouvement de torsion ; la flexion en arrière ne doit pas être portée trop loin, et la position du tronc ainsi renversé

doit être de courte durée; la flexion en avant ne doit pas
non plus être trop prolongée chez les personnes prédispo-
sées aux congestions cérébrales.

L'extension doit aussi se faire lentement. *Profonde
inspiration* au moment de la flexion en arrière, expiration au moment de l'extension; au contraire, expiration
au moment de la flexion en avant, inspiration au moment
de l'extension.

Fig. 5. — Flexion du tronc en arrière.

7. Flexion latérale du tronc. — Les pieds en position
fondamentale; les deux mains s'appuient sur les hanches,
ou bien le bras, qui correspond à la flexion, pend au côté
du corps (fig. 6). La tête se fléchit latéralement à droite,
à gauche, et le tronc suit, autant que possible, le même
mouvement, sans que le pied opposé à la flexion se sou-
lève.

La tête ne doit être le siège d'aucun mouvement de

rotation; les épaules et les hanches ne doivent subir aucun déplacement.

8. Circumduction du tronc. — Les pieds en position
fondamentale, les mains appuyées sur les hanches. On flé-

Fig. 6. — Flexion latérale du tronc.

chit le tronc en avant, et puis, sans le redresser, on lui
fait décrire doucement un mouvement latéral droit, puis
un mouvement en arrière, puis un mouvement latéral
gauche (ou inversement en commençant par la gauche),
puis un mouvement en avant , et ainsi de suite. Les jambes doivent, pendant cet exercice, rester dans l'extension.

L'axe longitudinal du tronc décrit donc un cône, dont
le sommet serait à la partie inférieure de la colonne vertébrale.

Ce n'est qu'à la fin de l'exercice que le tronc reprend
sa position verticale. Il faut éviter toute rotation du tronc
autour de son axe longitudinal.

Les exercices du tronc stimulent le *fonctionnement des organes abdominaux* et sont particulièrement utiles pour combattre les *engorgements des vaisseaux de l'abdomen* ainsi que *la constipation*. Celui de ces exercices qui agit le plus puissamment sous ce rapport est la circumduction du tronc, laquelle peut même, dans *la constipation*, produire un résultat immédiat, quand elle se fait constamment dans la même direction (en avant, à droite, en arrière, à gauche, etc.), c'est-à-dire, suivant le trajet du gros intestin et suivant le mouvement de progression des matières qui y sont contenues ; il faut aussi que, dans ce cas, les mouvements soient exécutés avec une certaine énergie.

La flexion du tronc en arrière peut aussi être employée avec avantage dans les cas de faiblesse des muscles dorsaux et de *courbure consécutive du corps*. La flexion latérale du tronc agit encore efficacement contre les *déviations latérales de la colonne vertébrale ;* on doit, dans ce cas, l'exécuter d'*un seul côté*, du côté de la convexité de la courbure [1].

IV. Exercices des bras et des mains.

Les exercices des bras et des mains, à l'exception des exercices des épaules (exercices 9 et 10) et des exercices des doigts (exercices 28 et 29), peuvent aussi être exécutés avec des haltères [2].

---

[1] Si la convexité est dirigée à *droite* comme l'indique la figure 54, on devra donc n'exécuter la flexion du tronc que du *côté droit.*

[2] Les enfants jusqu'à l'âge de sept à huit ans ne doivent qu'exceptionnellement s'exercer avec des haltères, et seulement dans les cas qui sont spécifiés dans le troisième chapitre de ce livre ; le poids

Si, les bras étant étendus horizontalement en avant, le pouce est tourné en haut, le bras et la main sont dits alors en *position radiale;* si, par une rotation du bras, le bord du petit doigt se dirige en haut, la position du bras qui en résulte porte le nom de *position cubitale ;* si le dos de la main est tourné en haut, on dit alors que le bras est en *position dorsale;* si la paume de la main est dirigée en haut, la position du bras prend alors le nom de *position palmaire.*

Ces mêmes expressions, désignant les positions des bras et des mains, sont aussi employées dans les cas où les bras, *sans exécuter aucun mouvement de rotation*, s'élèvent simplement ou s'abaissent. Dans la *position radiale*, par exemple, si les bras se portent verticalement en haut, le bord du pouce correspondant regardera *en arrière;* si les bras s'abaissent, le bord du pouce sera dirigé en avant, etc. [1].

9. Elévation des épaules. — Position fondamentale. Les épaules s'élèvent lentement, mais énergiquement, aussi haut que possible, puis elles s'abaissent lentement.

Cet exercice s'exécute, soit avec les deux épaules en même temps, soit avec l'épaule gauche et l'épaule droite alternativement.

Inspiration pendant le mouvement d'élévation des épaules, expiration pendant le mouvement d'abaissement.

Dans les cas où, consécutivement à une paralysie unilatérale ou à une déviation latérale de la colonne verté-

de chaque haltère ne doit pas alors dépasser 1 kilogramme. Les jeunes filles et les femmes doivent se contenter d'haltères de 1 kilogramme à 1 kilogramme et 1/2.

[1] A chacun des exercices suivants, toutes les fois que la position de la main a une certaine importance, cette position est spécialement décrite.

brale, *une épaule est plus. haute que l'autre*, l'exercice en question devra être exécuté *d'un seul côté*, du côté où l'épaule est plus basse.

10. Mouvement des épaules en avant et en arrière. — Les mains appuyées sur les hanches. Les épaules se portent d'abord uniformément en avant, puis elles sont ramenées lentement, mais énergiquement, en arrière. Les coudes se portent, en même temps que les épaules et aussi loin que possible, en arrière et en avant.

Dans cet exercice, la partie supérieure du corps et la tête ne doivent pas abandonner leur position verticale.

Le mouvement en arrière est la partie la plus importante de cet exercice. Ce mouvement doit coïncider avec une *inspiration*, le mouvement en avant doit coïncider avec une *expiration*.

11. Élévation des bras latéralement. — Position fondamentale. Les bras, complètement étendus, s'élèvent latéralement, par un mouvement lent et uniforme,

a) Jusqu'à la position horizontale. — Les doigts sont rapprochés et étendus ; la face dorsale des mains est tournée en dehors, quand les bras sont pendants ; elle est tournée en haut quand les bras sont dirigés horizontalement (fig. 7, *a b*).

Puis les bras exécutent un mouvement latéral d'abaissement, mouvement lent et accompagné de tension des muscles.

b) Jusqu'à la position verticale. — Les bras restent étendus. Les faces dorsales des mains sont tournées en dedans, l'une vers l'autre (fig. 7, *c d*).

Profonde inspiration au moment où l'on élève les bras, expiration au moment où on les abaisse.

12. Balancement latéral des bras. — *a)* Jusqu'à la position horizontale.

b) Jusqu'à la position verticale.

Cet exercice correspond à l'exercice 11 ; mais il s'exécute avec rapidité, par un mouvement de projection. Les bras restent un instant dans la position horizontale ou verticale, puis ils se projettent de côté et en bas.

Respiration tranquille, uniforme.

FIG. 7. — Élévation des bras latéralement.

13. Elévation des bras en avant. — Les bras, en extension, s'élèvent, d'un mouvement lent et uniforme, jusqu'à la position horizontale, puis jusqu'à la position verticale ; ils s'abaissent ensuite pour revenir à leur position primitive. Les mains restent éloignées l'une de l'autre de la largeur du corps ; leurs faces internes sont tournées l'une vers l'autre.

Profonde inspiration au moment où les bras s'élèvent, expiration au moment où ils s'abaissent.

14. Balancement des bras en avant. — Comme l'exercice 13, sauf que le mouvement s'exécute avec projection. Respiration tranquille, uniforme.

15. Balancement des bras en arrière. — Pour rendre cet exercice plus efficace, on serre les poings et on élève ou

Fig 8. — Balancement des bras en arrière.

on lance les bras horizontalement en avant. Puis on les lance en arrière, aussi loin qu'on le peut, sans fléchir le tronc en avant (fig. 8).

16. Déploiement des bras. — Les bras s'élèvent d'abord horizontalement en avant. Puis, *sans s'abaisser*, ils se portent en dehors et en arrière, puis ils reviennent en avant, jusqu'à ce qu'ils aient atteint leur position primitive, soit que les mains se touchent, soit que les bras étendus se croisent.

Cet exercice devra être exécuté lentement par les personnes qui ont la poitrine faible ; rapidement, avec projection des bras, par les personnes vigoureuses.

Inspiration profonde au moment de l'extension ; expiration au moment où les bras se portent en avant.

17. Circumduction en entonnoir. — Pour exécuter la

[Fɪɢ. 9. — Circumduction en entonnoir.

circumduction en entonnoir (ou circumduction des bras en petits cercles) (fig. 9), les bras s'élèvent latéralement en position horizontale ; les mains étant étendues, les extrémités des doigts décrivent alors, par un mouvement lent ou modérément rapide, un cercle dont le centre se trouve à la hauteur de l'articulation de l'épaule ; chaque bras décrit en même temps un cône, dont le sommet est au niveau de la même articulation. La face dorsale des mains reste dirigée en haut.

Il faut avoir soin d'exécuter aussi parfaitement que possible l'arc de cercle en arrière.

La circumduction s'exécute soit en commençant par derrière *(circumduction en arrière)*, soit en commençant par devant *(circumduction en avant)*.

Fig. 10. — Moulinet.

18. Moulinet. — Le moulinet (ou circumduction des bras en grands cercles) s'exécute, *en avant ou en arrière*, soit avec les *deux bras* en même temps, soit avec *un seul bras*.

Dans le moulinet *en arrière* avec *les deux bras* (fig. 10), les bras, étendus et pendants, s'élèvent, lentement ou peu rapidement, en avant jusqu'à la verticale; puis ils s'abaissent, en décrivant en arrière un arc aussi grand que possible.

Les bords des pouces sont, pendant le mouvement d'élévation, d'abord dirigés en haut, puis en arrière ; arrivées en *b*, les mains exécutent un mouvement de rotation tel, que les petits doigts se dirigent en arrière. En *c*, la face dorsale des mains est dirigée en haut, et, enfin, elle est dirigée en dehors quand les bras sont revenus en *a*, c'est-à-dire à leur position primitive.

Le moulinet *en avant* commence par une élévation des bras en arrière, puis le cercle se continue naturellement.

Le moulinet *en arrière* et *en avant* avec *un seul bras* s'exécute en faisant décrire à la main les mêmes mouvements de rotation que dans le moulinet avec les les deux bras. La partie supérieure du corps doit se tenir droite et immobile, sans flexion latérale.

L'*inspiration* coïncide avec l'élévation des bras, l'expiration avec leur abaissement.

Tous ces exercices (élévation de l'épaule, mouvement des épaules en avant et en arrière, élévation des bras, balancement et extension des bras, circumduction en entonnoir et moulinet) donnent lieu à une dilatation de la cavité thoracique et améliorent par suite les fonctions respiratoires. On peut donc y avoir recours dans les cas de troubles respiratoires et de faiblesse de la poitrine. L'élévation des épaules favorise particulièrement l'activité respiratoire au sommet des poumons et peut, par conséquent, agir utilement dans les catarrhes des sommets, tels que ceux qui se manifestent comme signes d'une tuberculose pulmonaire commençante.

Le mouvement des épaules en arrière peut aussi être recommandé dans les cas d'affaissement, d'incurvation du dos et de chute des omoplates.

L'élévation et le balancement latéral des bras, l'extension des bras, la circumduction en entonnoir et le moulinet, peuvent agir très favorablement dans les cas de

développement défectueux de la charpente osseuse de la
poitrine, dans les cas de déformation de la cage thoracique (poitrine de poulet). L'élévation et le balancement
latéral des bras, de même que le moulinet, méritent d'être
recommandés contre les déviations latérales de la colonne

FIG. 11. — Flexion et extension des bras.

vertébrale, surtout si on les exécute d'un seul côté, du
côté de la concavité de la courbure.

19. Flexion et extension des bras. — Les avant-bras
sont fléchis sur les bras. Ces derniers restent dans leur
position verticale et touchent légèrement les côtés du
corps ; les coudes ne doivent donc ni être portés en avant
ou en arrière, ni être élevés latéralement. Les mains et

les doigts sont fléchis aussi, de manière que les extrémités des doigts touchent les épaules en avant.

Partant de cette position, les bras s'étendent énergiquement en avant, latéralement, en arrière, en bas (fig. 11). Les doigts sont étendus et rapprochés l'un de l'autre, les mains se trouvent alors dans la même direction que les bras.

Dans l'extension latérale, la face dorsale des mains est dirigée en haut ; dans l'extension en avant, en haut et en arrière, les paumes des mains sont tournées l'une vers l'autre, laissant entre elles un intervalle correspondant à la largeur des épaules.

Dans l'extension en arrière, le tronc ne doit pas se fléchir en avant.

Ces mouvements d'extension peuvent aussi être exécutés unilatéralement, c'est-à-dire avec le bras droit ou le bras gauche ; ou encore alternativement, de telle manière que, pendant qu'un bras s'étend, l'autre se fléchit ; ou enfin simultanément dans des directions différentes. Par exemple, pendant qu'un bras s'étend en haut, l'autre s'étend latéralement ; pendant qu'un bras s'étend en avant, l'autre s'étend en arrière. Dans ce dernier cas, il faut avoir soin de ne faire subir au tronc aucun mouvement de rotation, ni aucun déplacement aux épaules.

20. Extension des bras en arrière et en bas. — Les mains se joignent sur le dos, leur face interne étant dirigée en arrière (fig. 12). Le haut du corps et la tête conservent leur position verticale.

Puis les bras s'étendent lentement, mais énergiquement, en bas, en même temps que les épaules se portent en bas et en arrière.

Pendant l'extension (fig. 13), les faces internes des mains doivent finir par se toucher.

Cette extension doit coïncider avec un mouvement

FIG. 12. — Extension des bras en arrière et en bas.

FIG. 13. — Extension des bras en arrière et en bas.

d'expiration, et la flexion qui lui succède doit coïncider avec une inspiration.

21. Impulsion des bras. — Position fondamentale ou position de locomotion latérale. Les avant-bras sont dirigés horizontalement en avant, et les coudes sont portés un peu en arrière. Les poings sont serrés. Les épaules ne doivent pas être élevées.

Partant de cette position, les bras s'étendent vivement et énergiquement, comme dans l'exercice 19, et les poings se portent brusquement et *en droite ligne* en avant, de côté, en haut et en bas.

Dans le mouvement de côté, les poings, immédiatement avant l'impulsion, se fléchissent *en dehors;* dans le mouvement en haut, ils se fléchissent vers le haut.

Pour rendre très efficace le mouvement d'impulsion en bas, les coudes se relèvent préalablement en haut, les avant-bras étant par conséquent dirigés vers le bas.

L'impulsion des bras peut, de même que l'extension des bras (exercice 19), s'exécuter d'*un seul côté*, ou bien *alternativement* ou encore *simultanément* avec les deux bras dans des directions différentes.

L'impulsion alternative en bas, le tronc étant modérément fléchi en avant, est désignée sous le nom de *mouvement du pilon*. Cet exercice s'exécute le mieux en partant de la position de locomotion latérale.

22. Frottement des mains. — Les bras étant plus ou moins élevés en avant, on presse l'une contre l'autre les paumes des mains, et, chaque bras se fléchissant et s'étendant alternativement, le frottement des mains s'exécute.

23. Coups d'avant-bras en position dorsale. — Position fondamentale. Les bras s'élèvent latéralement en position horizontale (la face dorsale de la main tournée en haut), puis ils se fléchissent en avant jusqu'à ce que les extrémités des doigts médius se touchent au devant de la poi-

FIG. 14. — Coups d'avant-bras en position dorsale.

FIG. 15 — Coups d'avant-bras en position palmaire.

La Gymnastique des demoiselles.

trine (fig. 14) ; après quoi ils s'étendent horizontalement aussi loin que possible en arrière, et ce mouvement s'exécute lentement ou brusquement.

Cet exercice peut se faire soit avec les deux bras en même temps (fig. 14), soit alternativement avec un bras, puis avec l'autre (fig. 15) ; les doigts sont en même temps étendus, ou bien la main est fermée.

Avec le lent mouvement latéral des bras coïncide une *inspiration profonde ;* avec le mouvement en avant coïncide une expiration.

24. Coups d'avant-bras en position palmaire. — Cet exercice correspond au précédent, sauf que, les bras étant étendus latéralement, la paume des mains est tournée en haut (position palmaire). Les mains et les doigts se fléchissent avec les avant-bras, et cette flexion va assez loin pour que les extrémités des doigts (ou les poings) viennent toucher les épaules (fig. 15).

Le mouvement des avant-bras s'exécute dans un plan vertical, et pendant ce temps les bras ne doivent pas abandonner leur position horizontale.

Cet exercice peut s'exécuter avec les deux bras en même temps, ou alternativement avec un bras, puis avec l'autre, les mains étant en extension ou les poings serrés.

25. Coups brusques. — Position fondamentale. Les avant-bras s'élèvent horizontalement en avant, les poings sont serrés, les pouces dirigés en haut.

Partant de cette position, les avant-bras se portent vivement en haut et en bas, mais sans que les bras se fléchissent ou s'étendent complètement.

Ce mouvement rappelle celui qu'on fait quand on hache de la viande. On peut l'exécuter avec les deux bras en même temps, ou alternativement avec un bras, puis avec l'autre, de telle sorte que les deux avant-bras s'élèvent et

s'abaissent en même temps, ou bien qu'un bras s'élève,
pendant que l'autre s'abaisse.

Ces divers exercices (balancement, flexion, extension,
impulsion des bras, coups d'avant-bras, coups brusques)
produisent une stimulation générale, activent la circulation du sang et la respiration, réchauffent donc et revivi-
fient l'organisme, en même temps qu'ils combattent efficacement les troubles nerveux. Exigeant un fonctionnement musculaire puissant et exactement limité, ils servent
aussi à développer la vigueur de la volonté et à donner
aux mouvements et au maintien un caractère d'assurance
et de fermeté.

Il faut encore remarquer que le mouvement du pilon a
pour effet d'activer vivement le fonctionnement des organes abdominaux ; que l'extension des bras en arrière et
en bas est très utile dans les cas d'incurvation du dos,
d'affaissement du maintien, de chute des épaules, ainsi
que pour activer les fonctions respiratoires et pour combattre les déviations latérales de la colonne vertébrale ;
enfin que le frottement des mains réchauffe les mains et
produit en même temps une dérivation de l'afflux sanguin se faisant vers la tête et la poitrine.

26. Flexion et extension des mains. — Les bras s'élèvent
latéralement ou en avant, la face dorsale des mains étant
dirigée en haut. Partant de cette position, on exécute :

a) La flexion des mains en haut et en bas.

Les doigts étant étendus et rapprochés l'un de l'autre,
ou encore le poing étant fermé ou chargé d'haltères
(fig. 16), les mains se fléchissent, autant que possible,
en haut, puis elles s'étendent (c'est-à-dire reviennent à
la position primitive), puis elles se fléchissent en bas, et
ainsi de suite.

b) La flexion latérale des mains.

Cette flexion s'exécute alternativement dans la direction du bord du pouce, puis du bord du petit doigt.

Ces flexions, quand elles s'exécutent rapidement, deviennent un balancement des mains en haut, en bas, latéralement.

27. Circumduction des mains. — Les bras se lèvent latéralement ou en avant, la face dorsale des mains étant tournée en haut ; les mains sont dans l'extension ou fermées.

Fig. 16. — Flexion et extension des mains.

Puis, par un mouvement constant et uniforme, les mains passent de la flexion en haut, par exemple, à la flexion latérale, puis à la flexion en bas, puis à la flexion latérale (direction opposée), et ainsi de suite.

Dans ce mouvement, la main décrit un cône, dont le sommet correspond au poignet.

28. Flexion et extension des doigts. — Les doigts se fléchissent lentement, mais énergiquement, jusqu'à ce que la main soit fermée et le poing serré, puis ils s'étendent avec force.

29. Écartement des doigts. — Les extrémités des doigts s'éloignent l'une de l'autre, dans le plan de la surface de la main.

Cet écartement est suivi du rapprochement des doigts étendus, ou, ce qui agit souvent avec plus d'efficacité, de leur flexion énergique se terminant par le serrement du poing.

Les mouvements du poignet et des doigts servent à rendre souples et vigoureuses ces parties du corps. Grâce à eux les mains peuvent devenir plus aptes au maniement des instruments de musique. Ces exercices peuvent encore être employés utilement dans la crampe des écrivains ainsi que dans les spasmes choréiformes. Ils sont très propres à ranimer rapidement les muscles des mains, quand le fonctionnement de ces muscles a amené de la fatigue (après qu'on a longtemps écrit, par exemple, ou dessiné ou cousu, etc.).

V. Exercices des jambes et des pieds.

Dans plusieurs de ces exercices, il est difficile aux commençants de tenir le corps en équilibre. Il est bon, dans ce cas, de s'appuyer légèrement avec une main sur le dossier d'une chaise, sur le bord d'une table, etc. Quand plusieurs personnes s'exercent ensemble, elles peuvent se soutenir mutuellement en se donnant les mains, ainsi que l'indiquent les figures 17 à 20.

30. Élévation de la jambe. — Elle peut s'exécuter, partant de la position fondamentale :

a) En avant (fig. 17) et en arrière,

b) Obliquement en avant et obliquement en arrière,

c) Latéralement.

Les mains appuyées sur les hanches. La jambe gauche ou la jambe droite, complètement étendues, se lèvent lentement, à une hauteur modérée, vers la direction indiquée.

Le haut du corps ne doit pas abandonner sa position verticale ; la pointe du pied est, pendant cet exercice, dirigée en bas et un peu en dehors. La jambe fixe doit rester

Fig. 17. — Élévation de la jambe.

complètement tendue, elle ne doit exécuter aucun mouvement de flexion.

Après être restée peu de temps levée, la jambe s'abaisse lentement.

31. Écartement de la jambe. — L'écartement et le rapprochement des jambes se distinguent de l'exercice précédent en ce que le mouvement de la jambe en haut et en bas s'exécute brusquement.

Dans cet exercice, de même que dans le suivant, il faut avoir bien soin que la jambe fixe reste fortement tendue.

32. Balancement de la jambe en avant et en arrière. — Les pieds en position fondamentale, les mains appuyées sur les hanches. La jambe gauche ou la jambe droite se portent vivement, à une hauteur modérée, en avant, puis en arrière, en passant près de la jambe fixe.

La pointe du pied est dirigée en bas et un peu en dehors, et elle ne s'élève légèrement (pour ne pas traîner sur le sol) qu'au moment où la jambe en mouvement devient verticale.

33. Circumduction de la jambe. — Position fondamentale, les mains appuyées sur les hanches. La jambe, la droite, par exemple, se lève en avant à une hauteur modérée; puis le pied, par un mouvement circulaire uniforme, se porte en dehors (c'est-à-dire à droite), puis en arrière, en dedans et enfin en avant, en passant près de la jambe fixe; ou bien le mouvement commence en arrière, puis se continue en dehors, en avant, en dedans et ainsi de suite.

La jambe en mouvement décrit donc un cône, dont le sommet correspond à l'articulation de la hanche.

34. Rotation des jambes. — Partant de la position fondamentale, les jambes tournent en dedans sur les talons, jusqu'à ce que les bords internes des pieds se touchent, et que les pieds arrivent ainsi à la position de rapprochement; puis les jambes tournent en dehors autant que possible, jusqu'à ce que les pieds se trouvent sur la même ligne (position forcée); après quoi, nouvelle rotation, qui met les pieds en position de rapprochement, et ainsi de suite. Pendant la rotation, les pointes des pieds s'élèvent légèrement. Il faut que, même dans la position forcée, les jambes restent dans l'extension.

35. Flexion du genou. — Position fondamentale, les mains appuyées sur les hanches. En même temps que les talons s'élèvent peu à peu, de manière que les pieds finissent par porter sur les orteils, les deux genoux se fléchissent doucement et uniformément dans la direction des pieds (fig. 18)

La partie supérieure du corps se maintient en position verticale. La flexion des genoux doit être modérée et peut aller tout au plus assez loin pour que la cuisse et la jambe forment un angle droit.

Fig. 18. — Flexion des genoux.

Après qu'on est resté un certain temps dans cette position, les genoux s'étendent d'un mouvement lent et uniforme, en même temps que les talons s'abaissent.

Quand la flexion et l'extension des genoux se succèdent immédiatement, cet exercice prend alors le nom de *bascule des genoux*.

36. Flexion alternative des genoux. — *a)* En position de locomotion en avant (fig. 19).

Partant de la position fondamentale, le pied droit se porte directement ou obliquement en avant, d'environ une longueur et demi de pied; puis le genou gauche se fléchit. Le poids du corps porte sur le pied qui est en arrière, la jambe de devant reste complètement étendue, le haut du corps est vertical.

Après quoi le genou gauche s'étend, et, le corps se penchant en avant, le genou droit se fléchit. Le poids du corps porte maintenant sur le pied de devant, dont le talon peut aussi s'élever.

On exécute le même exercice en partant de la position de progression *à gauche*.

b) En position de locomotion latérale.

Fig. 19. — Flexion alternative des genoux.

De la position fondamentale on passe à la position de locomotion latérale, en portant de côté le pied droit ou le pied gauche; à ce moment, la jambe droite se fléchit, pendant que la jambe gauche reste étendue; puis la jambe droite s'étend, pendant que la jambe gauche se fléchit, et ainsi de suite.

Le haut du corps suit ce mouvement par un déplacement latéral du bassin (des hanches), mais sans perdre sa position verticale. Le poids du corps porte donc sur la jambe fléchie.

37. Élévation du genou en avant et extension de la jambe. — Position fondamentale, les mains appuyées sur les hanches. La partie supérieure du corps se tenant verticale, le genou gauche ou le genou droit s'élèvent en avant. La jambe pend verticalement (fig. 20).

Partant de cette position, la jambe entière exécute un mouvement d'extension lent, mais énergique, pendant lequel le pied, qui se met aussi en extension, doit avoir la pointe légèrement en dehors. Le genou ne s'abaisse qu'autant que cela est nécessaire pour rendre possible la com-

Fig. 20. — Élévation du genou en avant et extension de la jambe.

plète extension de la jambe. La jambe fixe doit, pendant cet exercice, rester étendue.

38. Elévation de la jambe proprement dite[1]. — Position fondamentale, les mains appuyées sur les hanches. La jambe gauche ou la jambe droite se lèvent en arrière par

[1] C'est-à-dire de la partie de la jambe qui s'étend du genou au talon. Le mot jambe a été employé jusqu'ici pour désigner l'ensemble du membre inférieur.

la flexion de l'articulation du genou, puis s'abaissent par l'extension du membre inférieur, et ces mouvements s'exécutent soit lentement, soit brusquement.

39. Station sur les orteils. — Les mains appuyées sur les hanches ou les bras croisés derrière le dos. De la station sur la plante du pied on passe à la station sur les orteils, en élevant les talons et par conséquent la totalité

Fig. 21. — Station sur les orteils.

du corps. Le corps repose alors uniquement sur les orteils et sur les éminences thénar [1] (fig. 21). Les talons doivent s'élever aussi haut que possible ; le corps doit rester droit et fixe.

[1] Ce sont ces éminences charnues qui se trouvent à la base des orteils.

On peut exécuter cet exercice dans la position fondamentale ou dans la position de rapprochement ou dans la position de locomotion latérale, etc.

Lorsque, par suite de ces mouvements alternatifs des pieds (station sur les orteils et station sur la plante du pied), le corps s'abaisse immédiatement après s'être élevé, l'exercice prend alors le nom de *bascule du pied*.

Dans cet exercice et, en général, dans les exercices dans lesquels le corps ne repose que sur une petite surface (par conséquent aussi dans les exercices avec station sur une seule jambe), il est bon, pour habituer le corps à se tenir droit et fixe, de faire porter sur la tête à l'exécutante un coussin ou tout autre objet de ce genre (fig. 21).

40. Flexion du pied. — Partant de la position fondamentale, la jambe gauche ou droite, en état d'extension (exercice 30), ou bien le genou gauche ou droit (exercice 37) s'élèvent en avant, et, à ce moment, le pied gauche ou le pied droit exécutent un mouvement alternatif de flexion en haut et d'extension en bas.

41. Rotation du pied. — La jambe étant dans la même position qu'à l'exercice 40, la pointe du pied se tourne alternativement en dedans et en dehors ; le pied exécute donc, avec la participation de la jambe, un mouvement de rotation en dedans et en dehors.

42. Circumduction du pied. — La jambe étant dans la même position qu'à l'exercice 40, le pied exécute un mouvement de circumduction en dehors (ou en dedans), en même temps que la pointe du pied se meut d'abord en dehors, puis en bas, en dedans, en haut, etc. (ou dans une direction inverse).

Cet exercice doit être exécuté sans secousse, aussi uniformément que possible et doit par conséquent se faire lentement au début.

Les exercices 40, 41 et 42 peuvent aussi être exécutés dans la position *assise*.

Les exercices des jambes fortifient les muscles des membres inférieurs et rendent plus dégagées leurs articulations. Les mouvements d'écartement, de balancement et de circumduction des jambes, agissent puissamment, à ce point de vue, sur l'articulation de la hanche ; la flexion et l'élévation du genou, ainsi que l'élévation de la jambe proprement dite, agissent sur l'articulation du genou ; et enfin la flexion, la rotation et la circumduction des pieds rendent plus dégagées les articulations du pied.

Tous les exercices des jambes déterminent une action dérivative sur les congestions qui se produisent vers la tête et la poitrine. Les mouvements des pieds activent particulièrement l'afflux du sang vers les parties inférieures et réchauffent par conséquent les pieds. On doit donc les recommander spécialement aux personnes qui souffrent du froid aux pieds.

L'élévation, l'écartement, le balancement, la circumduction des jambes, et surtout un énergique mouvement d'élévation du genou, activent aussi le fonctionnement des organes abdominaux dans les cas d'engorgement ayant pour siège ces organes.

La flexion, la bascule des genoux, la station sur les orteils et la bascule des pieds, tonifient les muscles de la nuque et du dos, si, pendant ces exercices, la tête et le tronc se tiennent, comme c'est nécessaire, verticalement dressés. Ces exercices, surtout si un objet léger est posé en même temps sur la tête, peuvent donc être mis en usage dans le but de rendre le maintien assuré ainsi que pour combattre les déviations de la colonne vertébrale [1].

----

[1] Tissot (*Gymnastique médicale et chirurgicale*) mentionne, à côté d'autres moyens destinés à faire tenir le corps droit, l'exer-

VI. Marche, course, saut.

43. Marche en avant à grands pas. — Cet exercice peut s'exécuter sur place (apparence de marche) et consiste alors à lancer en avant alternativement la jambe gauche et la jambe droite en état d'extension ; ou bien on l'exécute en changeant de place : les jambes sont alors lancées en avant un peu plus haut et un peu plus loin que ne l'exige l'achèvement d'un pas ; avant de poser le pied par terre, on doit donc lancer la jambe un peu en arrière.

cice consistant à porter sur la tête un objet léger. « J'ai vu, dit-il, employer dans un couvent un autre moyen chez les pensionnaires qui penchaient la tête. La supérieure leur faisait jouer diverses sortes de jeux et leur proposait aussi, sans faire voir ses intentions, de porter sur la tête une balle ronde ou tout autre objet glissant, de telle sorte que celle qui, en marchant, laissait tomber la balle, devait, d'après la règle du jeu, donner un gage. On m'a assuré que cette méthode a toujours été employée avec succès ; car ces enfants, en s'exerçant à ce jeu, prenaient bientôt l'habitude de porter la tête droite. Je m'en étonne d'autant moins, qu'il est rare de voir les laitières, ou autres personnes habituées à porter des fardeaux sur la tête, ne pas tenir la tête bien verticalement. La cause de ce fait est facile à constater : ces personnes, en effet, sont obligées, pour ne pas laisser tomber leur fardeau, de tenir constamment la tête droite et élevée. L'effet ne serait pas le même, si l'on voulait charger de lourds fardeaux la tête de jeunes personnes. Si l'on presse, en effet, trop fortement sur les vertèbres cervicales, ces vertèbres peuvent alors se fléchir latéralement, surtout si l'objet porté n'est pas bien d'aplomb.

Remarquez, d'ailleurs, qu'un objet léger, qu'on balance sur la tête et dont on veut empêcher la chute, exige de la part des muscles qui maintiennent en équilibre la colonne vertébrale et font, par conséquent, tenir la tête droite, un fonctionnement beaucoup plus actif que celui qu'exigerait un objet lourd, lequel, d'ailleurs, par son poids, aurait une assiette plus solide.

44. Marche ascendante. — A chaque pas le genou correspondant est lancé en avant aussi haut qu'il le faudrait pour monter un escalier à marches élevées.

45. Marche avec élévation du talon en arrière. — Les jambes, par une flexion du genou, sont lancées en arrière. Comparez exercice 38.

Les deux derniers exercices peuvent aussi s'exécuter sur place (apparence de marche) ou avec mouvement en avant.

46. Course. — La course consiste en une série de sauts, exécutés alternativement par les deux pieds appuyant sur leurs pointes.

Chaque fois qu'un pied frappe le sol, le genou correspondant se fléchit légèrement.

On peut exécuter cet exercice, *sur place* ou avec *mouvement de progression :*

  a) En levant légèrement le genou,

  b) En faisant de grands pas (comparez exercice 43),

  c) En levant le talon en arrière (comparez exercice 45).

Dans la course *sur place*, il est bon d'appuyer les mains sur les hanches ou de croiser les bras sur le dos ; dans la course *avec mouvement de progression*, les avant-bras seront fléchis horizontalement sur les bras tenus sans effort et les mains seront légèrement fermées.

47. Saut avec talons rapprochés. — *a)* Sur place.
Les genoux s'étant rapidement fléchis et les talons élevés, le corps entier bondit par une brusque extension des jambes. Quand les pieds frappent le sol (et ils ne doivent le toucher que par leurs pointes), les genoux se fléchissent aussitôt, puis s'étendent, en même temps que les talons s'abaissent. La partie supérieure du corps doit conserver sa position verticale alors même que le corps flotte au-dessus du sol ; les talons restent rapprochés l'un de l'autre.

b) En changeant de place.

Ce saut peut se faire en avant, en arrière, de côté; il s'exécute comme le saut sur place, sauf que les pieds doivent frapper le sol à une certaine distance (une longueur de pied) du point de départ.

Il faut, *à chaque saut*, avoir bien soin que les pieds frappent le sol par la pointe (et non par la plante), et que la flexion des genoux ait lieu sans tension des muscles des jambes, afin que le choc soit amorti et ne donne pas lieu par propagation à une secousse de la moelle épinière et du cerveau.

Les exercices de la marche, de la course et du saut produisent une action dérivative dans les cas d'afflux sanguin vers la tête et la poitrine, ils activent la circulation dans les vaisseaux et le fonctionnement des organes de l'abdomen. Ils sont donc utiles dans les cas d'hémorroïdes et de constipation.

Ils provoquent aussi une stimulation générale et rendent plus actifs les échanges organiques, et ces effets sont plus ou moins marqués suivant qu'on exécute les mouvements paisibles de la marche, ou la course et le saut peu prolongés, ou les mouvements violents et prolongés de la course à grands pas et de la course ascendante. Ces derniers mouvements provoquent une vive stimulation de la circulation, de la respiration et des combustions organiques. On peut donc les recommander aux personnes qui, sans présenter pourtant ni affection cardiaque ni troubles circulatoires, ont de la tendance à l'obésité, et ils peuvent, dans ce cas, être employés pour remplacer les voyages et l'ascension des montagnes, exercice qui d'ailleurs mérite, dans les cas de ce genre, d'être préconisé.

VII. Exercices composés.

48. Flexion de la tête en arrière et élévation des bras en arrière. — En même temps que la tête se fléchit en arrière, les bras, fortement tendus, s'élèvent lentement dans la même direction, puis ils s'abaissent quand la tête revient à sa position normale.

Profonde inspiration au moment où la tête et les bras se portent en arrière.

Cet exercice fortifie les muscles de la nuque et du dos, dilate la poitrine et améliore les fonctions respiratoires. On peut donc l'employer avec avantage dans les cas d'affaissement et d'incurvation du tronc ainsi que dans les cas où la poitrine est faible et où la respiration se fait mal.

49. Flexion du tronc en avant avec balancement des bras. — Position fondamentale ou position de locomotion latérale. Les bras, en état d'extension, se lèvent en avant jusqu'à la verticale.

Partant de cette position, ils sont lancés vivement en bas, en passant aux côtés du corps, en même temps que le tronc se fléchit en avant.

Pendant que le corps et les bras se relèvent, le tronc se fléchit légèrement en arrière.

Cet exercice produit des effets analogues à ceux de la flexion du tronc en avant, mais ces effets sont plus accentués. Il active puissamment la circulation dans les vaisseaux de l'abdomen ainsi que le mouvement de progression des matières contenues dans l'intestin. Il peut donc être employé avec avantage dans les engorgements des vaisseaux abdominaux (hémorroïdes) et dans les cas de paresse des évacuations intestinales. Cet exercice produit encore une vive stimulation générale, il active puissamment la circulation, la respiration et, par suite, les combustions organiques.

50. Flexion latérale du tronc avec balancement des bras. — Position fondamentale. Le tronc, par un mouvement vif, se fléchit latéralement à gauche, et en même temps le bras droit est lancé latéralement à droite jusqu'à la verticale. Après être resté un moment dans cette position, le tronc se redresse, puis se fléchit latéralement à droite, en même temps que le bras droit s'abaisse, tandis que le bras gauche se lance latéralement à gauche jusqu'à la verticale, et ainsi de suite.

La flexion latérale du tronc combinée avec la projection latérale des bras agit comme la flexion latérale simple du tronc, mais avec une énergie plus grande : elle active le fonctionnement des viscères abdominaux, particulièrement du foie et de la rate, organes situés dans l'abdomen, au-dessous du diaphragme, le premier, du côté gauche, le second, du côté droit. Cet exercice peut donc aussi être très utile dans les cas d'hémorroïdes et de constipation. Il peut aussi, quand il est exécuté d'un seul côté, agir très efficacement contre les déviations latérales de la colonne vertébrale. La flexion du tronc doit, dans ces cas, être exécutée seulement vers le côté où siège la convexité de la courbure, en même temps que le bras du côté opposé est lancé latéralement.

51. Rotation du tronc avec balancement des bras. — Position fondamentale. Les bras se lèvent en avant jusqu'à l'horizontale, puis tous deux sont lancés vivement du même côté, de telle façon que, pendant qu'ils sont lancés latéralement à gauche, le bras gauche reste étendu, le bras droit se fléchissant au niveau du coude devant la poitrine, par conséquent dans un plan horizontal. Pendant que les bras sont lancés latéralement à droite, le bras droit s'étend et le bras gauche se fléchit devant la poitrine.

En même temps que les bras sont ainsi lancés latéralement, le tronc exécute un vif mouvement de rotation du même côté (comparez exercice 5).

Cet exercice produit une action stimulante générale d'une grande intensité. Il favorise, en outre, le développement du thorax, active la respiration, la circulation dans les vaisseaux de l'abdomen ainsi que le fonctionnement des viscères abdominaux.

Les exercices des pieds, tels que élévation et abaissement des talons, flexion et extension des genoux, etc., pourraient aussi être combinés avec la projection, l'extension des bras et autres mouvements du même genre, et l'on pourrait ainsi apporter dans ces exercices une plus grande variété.

Ces exercices combinés produisent des effets semblables à ceux des exercices dont ils se composent. Mais ils ont ordinairement l'avantage de mieux exercer la puissance de la volonté sur les mouvements du corps. Aussi peuvent-ils être utilement mis en usage dans le but de donner au maintien plus d'assurance et de fermeté.

VIII. Exercices du bâton.

Pour exécuter les exercices suivants, on se sert d'un bâton de bois arrondi, droit, bien uni, sans nœuds, d'une épaisseur de 2 à 3 centimètres. Sa longueur doit égaler la hauteur des épaules de l'exécutante. Un manche à balai ou tout autre objet du même genre peut au besoin être employé.

Position primitive : Les pieds étant en position fondamentale, les mains, ayant leur face dorsale tournée en haut et les pouces en bas, saisissent le bâton. Elles sont éloignées l'une de l'autre par un intervalle qui correspond à peu près à deux fois la largeur du corps ; les bras sont étendus en bas. Le bâton est donc tenu horizontalement devant le corps (fig. 22, *a b*). Cette position primitive est prise au commencement de tous les exercices suivants, à

Fig. 22. — Élévation du bâton.

l'exception de l'exercice 60, dans lequel le bâton doit être placé transversalement derrière le dos.

52. Elévation du bâton. — Le bâton tenu horizontalement devant le corps, avec les bras étendus en bas, est élevé lentement ou brusquement en avant,

a) A une hauteur telle que les bras soient horizontaux,

b) Au-dessus de la tête (fig. 22, *c d*);

Après être resté un moment dans cette position, il est ramené à la position primitive. Pendant ces mouvements les bras doivent rester complètement étendus.

Profonde inspiration pendant que le bâton s'élève lentement, expiration pendant que le bâton s'abaisse.

53. Abaissement du bâton en arrière. — *a)* Jusqu'à flexion des bras.

Les bras, tenant le bâton au-dessus de la tête (fig. 22, *c d),* se fléchissent, d'un mouvement tranquille et uni-

Fig. 23. — Abaissement du bâton en arrière.

forme, jusqu'à ce que le bâton touche les épaules (fig. 23).

b) Jusqu'à extension des bras.

Les bras, fléchis en arrière, s'étendent en bas (fig. 23), en écartant, au début, si cela est nécessaire, les mains qui tiennent le bâton ; puis ils se relèvent jusqu'à hauteur des épaules ou jusqu'au-dessus de la tête.

Il faut avoir soin que le bâton, depuis le commencement jusqu'à la fin de l'exercice, conserve exactement la direction horizontale.

Expiration au moment où le bâton s'abaisse.

54. Surélévation du bâton avec les deux bras. — Avec les deux bras étendus le bâton est d'abord élevé doucement

FIG. 24. — Surélévation du bâton avec les deux bras

ou brusquement, en position horizontale, au-dessus de la tête ; puis, sans que les bras se fléchissent, il est abaissé en arrière (fig. 24).

Pour exécuter cet exercice, il sera nécessaire, au début, surtout chez l'adulte, d'écarter un peu les mains qui tiennent le bâton.

Inspiration pendant qu'on élève le bâton, expiration
pendant qu'on l'abaisse.

55. Balancement du bâton. — Le bâton, tenu horizontalement devant le corps, est porté brusquement du côté
droit en position verticale. A ce moment, le bras droit

FIG. 25. — Balancement du bâton.

reste étendu, tandis que le bras gauche se fléchit (fig. 25,
a b).

Puis on exécute le balancement du bâton à gauche : le
bras gauche s'étendant, le bâton est d'abord brusquement
porté devant le corps en position horizontale (position
primitive); puis, sans interrompre le mouvement, on le
porte, en fléchissant le bras droit, vers le côté gauche, en

position verticale (fig. 25, *a' b'*). Après quoi, nouveau balancement du bâton vers la droite, et ainsi de suite.

Il faut éviter, dans cet exercice, tout déplacement des épaules et des hanches ainsi que toute flexion du tronc.

56. Abaissement latéral du bâton. — Le bâton étant tenu horizontalement au-dessus de la tête (fig. 22, *c d*), le

Fig. 26. — Abaissement latéral du bâton.

bras gauche, restant étendu, le porte en bas au côté gauche du corps ; le bras droit se fléchit en même temps au-dessus de la tête, de telle manière que, le bras proprement dit étant vertical, l'avant-bras est dirigé au moins à peu près horizontalement (fig. 26). La tête et le tronc ne doivent s'incliner ni de côté, ni en avant.

Le bâton étant ainsi tenu à gauche, le bras droit s'étend ; le bâton est ainsi porté horizontalement au-dessus de la tête ; après quoi, le bras gauche se fléchissant, il est abaissé vers la droite.

Cet exercice peut s'exécuter lentement ou brusquement.

57. Surélévation du bâton avec un seul bras. — Le bâton est d'abord tenu horizontalement devant le corps avec les bras étendus en bas ; puis une main, la gauche, par

Fig. 27. — Surélévation du bâton avec un seul bras.

exemple, le bras étant dans l'extension, attire du côté gauche du corps une extrémité du bâton ; en même temps le bras droit se fléchit au-dessus de la tête et met ainsi le bâton en position verticale à côté du corps, à gauche. Le corps et le bâton sont alors dans la position indiquée par la figure 26. À ce moment on abaisse le bâton derrière le corps en position horizontale.

Pendant cet exercice, le bras gauche reste étendu, la

main gauche est en contact avec le corps jusqu'au moment où le bras droit, en décrivant un arc de cercle, a atteint toute son extension en arrière (fig. 27).

On exécute alors le mouvement correspondant, qui fait passer le bâton de derrière le corps en avant du corps.

FIG. 28. — Extension latérale des bras.

Inspiration pendant que le bâton s'élève, expiration pendant qu'il s'abaisse.

58. Extension latérale des bras. — *a)* En position fléchie en avant. Le bâton est tenu devant le corps avec les bras étendus en bas. On fléchit alors les bras de telle façon que le bâton se trouve à la hauteur des épaules ; puis on étend fortement de côté le bras droit. En même temps le bras gauche, qui reste fléchi, s'élève jusqu'à hauteur des épaules et suit le mouvement (fig. 28).

Ensuite le bras gauche s'étend, tandis que le bras droit se fléchit, et ainsi de suite.

b) En position fléchie en arrière. Le bâton est élevé au-dessus de la tête ; les bras se fléchissent alors pour que le bâton vienne toucher les épaules (comparez fig. 23).

Partant de cette position, le bras droit et le bras gauche s'étendent alternativement (fig. 29).

Fig. 29. — Extension latérale des bras.

59. Balancement latéral du bâton avec rotation du tronc.

— Les pieds en position fondamentale ou en position de rapprochement. Le bâton, tenu horizontalement devant le corps, est brusquement projeté, avec les bras étendus obliquement en bas, alternativement vers la gauche et vers la droite, et en même temps le tronc exécute un mouvement de rotation vers le côté correspondant (fig. 30).

Cet exercice peut aussi être exécuté en position latérale de locomotion : chaque fois que les bras sont lancés, le tronc se fléchit légèrement en avant, en même temps que les genoux se relâchent un peu. Il résulte de là un mouvement très stimulant, qui ressemble à celui du fauchage.

Respiration paisible et égale.

60. Marche avec bâton tenu en arrière. — Le bâton est placé transversalement derrière le dos et tenu avec les deux bras fléchis. Les mains, les poings étant serrés, sont dirigées en avant. La tête est droite, les épaules fortement tirées en arrière.

Partant de cette position, on marche lentement à pas modérés (fig. 31).

Les muscles des jambes doivent être fortement tendus. Au moment où le pied touche le sol, il ne doit s'appuyer d'abord que sur la pointe.

Respiration paisible et égale.

Les exercices du bâton fortifient les muscles qui entourent la cage thoracique, ils font dilater la poitrine et activent à un haut degré les fonctions respiratoires. Parmi ces exercices ceux qui agissent sous ce rapport avec le plus d'intensité sont : l'abaissement du bâton en arrière (exercice 53), la surélévation du bâton avec les deux bras (exercice 54) et la marche avec bâton tenu en arrière (exercice 60). Tous ces exercices du bâton, et surtout ceux que je viens de citer, peuvent donc être employés avec avantage dans les cas de développement défectueux des organes respiratoires (poitrine faible), de troubles de la respiration, de déformation du thorax, d'incurvation du dos et de déviation latérale de la colonne vertébrale.

S'agit-il d'une déviation latérale de la colonne vertébrale, on pourra la combattre très avantageusement au moyen de la surélévation du bâton avec un seul bras (exercice 57), pourvu qu'on exécute cet exercice seulement avec le bras qui se trouve du côté de la *concavité* de la courbure. On pourra retirer les mêmes avantages de l'abaissement latéral du bâton (exercice 56), à la con-

Fig. 30. — Balancement latéral du bâton avec rotation du tronc.

Fig. 31. — Marche avec bâton tenu en arrière.

dition que cet abaissement ne s'exécute que du côté de la *convexité* de la courbure. L'extension latérale d'un bras en position fléchie en arrière (exercice 58, *b)* et le balancement latéral du bâton avec rotation du tronc (exercice 59) pourront aussi rendre des services dans les déviations latérales de la colonne vertébrale, pourvu que le mouvement soit exécuté *d'un seul côté*, du côté de la *convexité* de la courbure.

IX. Exercices avec le tonique brachio-pectoral.

Le « tonique brachio-pectoral » *(Arm- und Brust-stärker)*, construit par le Dr Largiader, de Bâle, inspecteur des écoles et professeur particulier, consiste en deux poignées en bois percées suivant leur longueur, et destinées à être tenues avec les deux mains. Du côté interne de chacune de ces poignées part une corde qui va passer à travers l'autre poignée. Chacune de ces cordes porte à son extrémité libre un poids composé de plusieurs plaques *pouvant être enlevées*, de sorte que ce poids peut être augmenté ou diminué suivant les besoins. A l'aide d'un œillet on peut allonger ou raccourcir la corde; chacun de ces instruments peut donc être adapté aux différents âges et aux différentes tailles. Les jeunes filles et les dames feront bien de se servir de l'instrument marqué par le constructeur du n° 16 R ; chacun des poids dont se compose cet instrument pèse 1^{kil},500, et comprend six plaques de 250 grammes chacune.

Position primitive. — Position fondamentale. Les mains, ayant leur face dorsale tournée en haut (position dorsale), saisissent chacune une poignée ; les bras fléchis s'élèvent jusqu'à hauteur de l'épaule ; les mains sont sé-

parées l'une de l'autre par un intervalle égal à peu près
à la largeur des épaules (fig. 32). Il faut disposer les
cordes de telle façon que les poids flottent très près du
sol. On doit avoir soin que les cordes ne se croisent pas
entre les poignées.

Fig. 32. — Position primitive dans l'exercice avec le tonique
brachio-pectoral.

Tous ces exercices doivent être exécutés *lentement*,
d'un mouvement *uniforme*.

61. Extension simultanée des deux bras. — Partant de
la position primitive, les deux bras s'étendent lentement
en avant (fig. 33), *en haut* ou *latéralement*, après quoi
ils se fléchissent de nouveau et reviennent à leur première position. Il faut avoir soin, dans l'extension laté-.
rale, que le mouvement se fasse bien également des deux
côtés.

Fig. 33. — Extension simultanée des deux bras.

Fi . 34. — Extension alternative des bras.

62. Extension alternative des bras. — Pendant que le bras gauche reste fléchi, le bras droit s'étend lentement de côté (fig. 34), en haut, ou en bas, en arrière, puis il se fléchit de nouveau. Après quoi, le bras gauche exécute les mêmes mouvements, le bras droit restant dans la flexion.

L'axe longitudinal de la poignée doit, pendant l'extension, rester, autant que possible, dans la direction de la traction.

Fig. 35. — Extension des bras dans diverses directions.

63. Extension des bras dans diverses directions. — Le bras droit, par exemple, s'étend obliquement en haut, pendant que le bras gauche s'étend obliquement en bas (fig. 35); ou bien, tandis qu'un bras s'étend directement en bas, l'autre s'étend en haut; ou bien encore un bras s'étend en avant, tandis que l'autre s'étend en arrière, etc.

64. Élévation des bras. — Les bras, d'abord fléchis, s'étendent en avant (comparez fig. 33); puis, d'un mouvement lent et uniforme, ils s'élèvent en avant jusqu'à la verticale (comparez fig. 37); après quoi ils s'abaissent jusqu'à l'horizontale.

Profonde inspiration pendant que les bras se lèvent, expiration pendant qu'ils s'abaissent.

65. Déploiement des bras. — Les bras, d'abord fléchis, s'étendent en avant. Partant de cette position, ils se por-

FIG. 36. — Déploiement des bras.

tent, d'un mouvement lent et égal, en dehors (vers les côtés) (fig. 36), puis ils reviennent en avant.

Profonde inspiration pendant que les bras se déploient, expiration pendant qu'ils se portent en avant.

66. Abaissement latéral des bras. — Les bras s'étendent en haut, ou bien, partant de l'extension en avant (comparez fig. 33), ils s'élèvent en position verticale ; puis, d'un mouvement égal, ils se dirigent latéralement, de telle sorte que la corde soit située horizontalement au-dessus de la tête, sans la toucher (fig. 37). Après quoi, les bras reviennent lentement à la position verticale, et ainsi de suite.

Inspiration au moment où les bras s'abaissent, expiration au moment où ils s'élèvent.

FIG. 37. — Abaissement latéral des bras.

67. Abaissement en arrière. — Partant de la position verticale, les bras portent l'instrument en arrière, jusqu'à la hauteur des épaules ou un peu plus bas. Les poignées, qui d'abord n'étaient éloignées l'une de l'autre que par la largeur des épaules, sont alors attirées en dehors plus ou moins, suivant que, dans cet exercice, les bras se fléchissent (comparez fig. 23) ou conservent leur état d'extension (fig. 38).

Inspiration au moment où les bras s'abaissent, expiration au moment où ils s'élèvent.

FIG. 38. — Abaissement en arrière.

68. Surélévation. — Les bras, étendus en avant, s'élèvent d'abord en position verticale ; après quoi l'instrument, comme dans l'exercice 67, est abaissé en arrière, aussi bas que possible, avec les *bras étendus*. Pour le ramener au-dessus de la tête, les mains se rapprochent peu à peu, de manière à laisser entre elles un intervalle marqué par la largeur des épaules, et elles se maintiennent à cette même distance pendant que les bras s'abaissent en avant jusqu'à la position horizontale.

Inspiration pendant que l'instrument est porté en arrière, expiration pendant qu'il est porté en avant.

Les *exercices du bâton* et les exercices avec le *tonique brachio-pectoral* (poses et mouvements) peuvent se combiner avec les mouvements, déjà décrits, de la tête, du tronc et des jambes.

Les exercices exécutés avec le tonique brachio-pectoral fortifient les muscles des bras ainsi que les muscles qui entourent la poitrine et le dos; ils dilatent la cavité thoracique et améliorent les fonctions respiratoires. Nous devons signaler particulièrement la propriété qu'ils possèdent de faire dilater la partie supérieure du thorax [1] et d'activer par conséquent le fonctionnement respiratoire au niveau des sommets des poumons, d'où il résulte que ces exercices peuvent produire une influence curative dans les catarrhes pulmonaires siégeant au sommet. Dans les cas de déformation de la cage thoracique, d'incurvation et d'affaissement du dos, de déviation latérale de la colonne vertébrale, le tonique brachio-pectoral peut aussi être employé avec avantage.

L'instrument en question présente sur les cordes en gomme élastique, employées aux mêmes usages, cet avantage, que, pendant toute la durée de l'exercice, la tension des cordes reste invariable et n'offre pas une résistance croissante avec l'augmentation d'efforts de l'exécutant. Un autre avantage de cet instrument, c'est que son poids peut être augmenté ou diminué, suivant que l'exécutant est plus ou moins vigoureux.

---

1 Remarquez à ce propos que, chez les femmes, la respiration est surtout pectorale, les contractions du diaphragme jouant dans cet acte un rôle moins important que chez les hommes; les exercices des parties supérieures du tronc ont donc, chez les femmes, une importance tout à fait particulière.

X. Exercices à la barre.

La barre consiste en une tige et un appareil destiné à maintenir horizontalement cette tige à diverses hauteurs. La tige sera de préférence en bois de frêne ou de hêtre ; elle doit être bien arrondie, bien lisse ; à une de ses extrémités pourtant, dans une longueur de 5 centimètres environ, on lui laisse toute son épaisseur et on lui donne une forme quadrangulaire. Son diamètre est à peu près de 4 centimètres, sa longueur varie suivant la largeur de la porte, entre les montants de laquelle elle sera fixée. Si cette tige n'est pas fixée enire les montants d'une porte, on lui donnera une longueur supérieure de 10 centimètres à l'intervalle qui sépare les deux potaux qui la supportent, car il faut tenir compte de la profondeur des trous et des échancrures, dans lesquels la tige s'enfonce. Quand on taille cette tige dans une pièce de bois, il faut avoir soin que les fibres du bois s'étendent à travers toute la longueur de la tige. Avant de s'en servir et, plus tard, de temps à autre, on devra l'imbiber avec de l'huile de lin chaude, afin qu'elle dure plus longtemps.

Pour fixer la barre entre les montants d'une porte, on visse sur chacun de ces montants une pièce de bois solide, large de 15 centimètres, épaisse de 5 à 6 centimètres ; on a pratiqué au préalable sur cette pièce de bois des trous ronds alternant avec des échancrures coudées à angle droit, trous et échancrures ayant des dimensions correspondantes à celles des extrémités de la barre (fig. 39). Ces trous et ces échancrures commencent à peu près à la hauteur des hanches et se continuent en haut, séparés par des intervalles de 15 centimètres, jusqu'à une

FIG. 39. — Suspension en extension en position dorsale.

hauteur telle que l'exécutante puisse se suspendre à la barre avec les bras complètement étendus.

Au moyen d'un morceau de bois, qu'on enfonce dans la partie horizontale de l'échancrure, on assujettit l'extrémité de la tige, qui ne peut plus ainsi se déplacer.

Si la barre ne doit pas être fixée entre les montants d'une porte, on prend deux poteaux de bois, dont on a arrondi les bords ; ces poteaux doivent avoir une longueur de 3 mètres et demi et une largeur de 15 centimètres ; ils sont percés de trous et d'échancrures de 5 centimètres de profondeur, destinés à recevoir les extrémités de la barre ; ils sont enfoncés dans le sol d'une profondeur de 1 mètre environ. et séparés l'un de l'autre par un intervalle de 2 mètres.

69. Suspension en extension. — La barre est placée assez haut pour que l'exécutante, les bras étendus en haut, puisse à peine l'atteindre avec l'extrémité des doigts, ou même ne l'atteigne pas du tout. L'exécutante s'avance droit vers l'appareil, se dirigeant de telle façon que la ligne qui joint les deux épaules soit parallèle à la barre. Elle lève en même temps les deux bras, saute légèrement et saisit la barre avec les mains, soit en position dorsale (face dorsale des mains, dirigée en arrière, fig. 39), soit en position palmaire (face dorsale des mains dirigée en avant, comparez fig. 40).

Pour la suspension en position palmaire, chez les commençantes, la barre devra être placée un peu plus bas, en cas de chute.

Pendant la suspension, les bras et le corps tout entier doivent être complètement étendus, la tête droite, les reins cambrés, les jambes rapprochées, les pointes des pieds tournées en dehors et légèrement en bas.

Pour que l'exercice se fasse bien, il est bon que l'exécutante, avant de prendre son élan pour sauter, s'avance assez près de l'appareil, pour que les pointes des pieds se trouvent verticalement sous la barre. Quand les mains ont lâché la barre, les pieds doivent frapper le sol par leurs pointes dirigées en dehors, en même temps que les genoux se fléchissent légèrement [1] (comp. exercice 47).

On peut rester un certain temps suspendu à la barre, ou bien la lâcher immédiatement après l'avoir saisie, y remonter après avoir sauté en bas, et ainsi de suite. On peut, pendant qu'on est suspendu à la barre, exécuter divers exercices de jambes, ou bien encore faire alterner la suspension avec des exercices exécutés sans instruments sur le sol.

70. Suspension avec mouvement alternatif des mains. — *a)* Sur place.

Partant de la suspension en extension, les mains en position dorsale se lèvent alternativement un peu, et aussitôt ressaisissent la barre à l'endroit même où elles se trouvaient auparavant.

b) En changeant de place.

Suspension en extension à l'extrémité gauche de la barre ; la main droite, puis la main gauche, se portent alternativement vers la droite, franchissant chaque fois un espace égal à peu près à la largeur de la main. Ce mouvement se continue jusqu'à l'extrémité droite de la barre. Après quoi, on le recommence en allant vers la gauche. Les jambes restent rapprochées et étendues.

71. Suspension avec écartement des mains. — Suspension en extension au milieu de la barre. La main droite et la main gauche alternativement se portent en dehors ; les

---

[1] Les commençantes, les personnes faibles ou craintives, pourront être soutenues au moment où elles prennent leur élan pour sauter ; une adulte, se plaçant derrière elle, les soulèvera légèrement au moyen des mains placées sur les hanches.

mains s'éloignent donc peu à peu l'une de l'autre, autant que possible, puis se rapprochent jusqu'à ce qu'elles se touchent ou qu'elles soient séparées l'une de l'autre par l'intervalle des épaules.

On peut exécuter cet exercice de telle façon qu'une seule main s'éloigne peu à peu de l'autre vers l'extrémité de la barre.

72. Balancement en suspension. — *a)* En avant et en arrière.

Les jambes étendues et rapprochées s'élèvent un peu en avant par une flexion de l'articulation de la hanche ; puis elles sont lancées en arrière, puis en avant, et ainsi de suite.

Le premier élan en avant se fait avec plus de facilité, quand on l'exécute immédiatement à la suite du saut que l'on a fait pour saisir la barre.

Le saut par terre s'exécute, soit au moment où l'on est suspendu immobile, soit au moment où l'on s'élance en arrière.

b) Latéralement à droite et à gauche.

Les jambes, rapprochées l'une de l'autre, s'élèvent d'abord d'un côté, puis elles se lancent vers le côté opposé et ainsi de suite.

Il faut avoir soin que les jambes se meuvent exactement dans un plan latéral vertical, sans mouvement de circumduction.

Ces mouvements ne doivent se faire que jusqu'à une hauteur modérée ; pendant qu'on les exécute, le haut du corps conservera, autant que possible, l'immobilité, ou bien le corps entier prendra part au mouvement. Dans ce dernier cas, si le balancement se fait latéralement, le bras du côté vers lequel se fait le balancement se fléchira légèrement au moment où ce mouvement sera exécuté [1].

---

[1] On pourra prendre ses précautions contre tout danger de chute, en saisissant l'avant-bras de l'exécutante au voisinage du poignet.

73. Suspension avec brusque mouvement des mains. —
a) Sur place, *b)* en changeant de place.

Suspension en extension. Le corps, par une flexion
brusque, saccadée des bras, s'élance un peu en haut ; à ce
moment, les mains abandonnent un instant la barre, pour
la ressaisir immédiatement après, soit au même endroit
(sur place), soit à un autre endroit, à droite ou à gauche
en changeant de place). Les jambes doivent rester rapprochées et étendues.

74. Saut avec bascule des bras. — La barre est placée
d'abord à la hauteur du sommet de la tête ; plus tard on
la place plus haut. Les deux mains saisissent la barre en
position dorsale, séparées l'une de l'autre par un intervalle correspondant à la distance entre les deux épaules ;
on exécute alors une série de sauts, alternativement en
haut et en bas, en même temps que les bras se fléchissent
et s'étendent successivement, les deux mains restant fixées
à la barre. La flexion des bras doit être assez prononcée
pour que les yeux de l'exécutante s'élèvent jusqu'au dessus de la barre.

75. Suspension en flexion avec position palmaire des mains.
— La barre d'abord à hauteur du sommet de la tête ; plus
tard, on la place plus haut. Les mains saisissent la barre
en position palmaire (face dorsale dirigée en avant). En
même temps que l'exécutante saute en haut, ses bras se
fléchissent assez pour que la tête se trouve au dessus de
la barre (fig. 40). Après être restée un moment dans cette
position, l'exécutante saute par terre, les bras étant fléchis
ou s'étant au préalable lentement étendus (pourvu que la
barre soit placée à une hauteur suffisante).

76. Suspension avec inclinaison en avant. — La barre à
hauteur des épaules ou plus bas. L'exécutante a le devant
du corps directement tourné vers la barre ; puis ses
mains la saisissent en position dorsale (face dorsale diri-

Fig. 40. — Suspension en flexion, avec position palmaire des mains.

Fig. 41. — Suspension avec inclinaison en arrière.

FIG. 42. — Inclinaison avec appui en avant.

FIG. 43. — Inclinaison avec appui en avant

gée en arrière), tandis que ses pieds s'avancent sous l'appareil, de telle façon que son corps, tenu droit, est suspendu par les bras en état d'extension, ses pieds reposant sur le sol par les talons rapprochés l'un de l'autre (comparez fig. 45). Dans cette position, elle peut exécuter divers mouvements (flexion et extension des bras, suspension avec mouvement alternatif des mains sur place, divers mouvements des jambes, etc.).

77. Suspension avec inclinaison en arrière. — La barre à hauteur de la poitrine. L'exécutante se place près de la barre de façon à lui tourner le dos ; elle la saisit avec les mains (face dorsale tournée en haut) de telle manière que les mains sont séparées l'une de l'autre par une distance correspondante à l'intervalle qui sépare les deux épaules, ou, si c'est possible, encore plus rapprochées ; les bras s'étendent et le corps en extension se porte en arrière dans une position oblique (fig. 41). Elle reste quelque temps dans cette position.

78. Inclinaison avec appui en avant. — La barre à hauteur des hanches ou plus bas. L'exécutante a le devant du corps tourné vers la barre ; ses mains la saisissent en position dorsale, laissant entre elles un intervalle égal à la distance qui sépare les deux épaules ; après quoi elle fait deux à trois pas en arrière. Le corps reste étendu, de sorte que la tête, le tronc et les jambes se trouvent sur la même ligne (fig. 42).

Ainsi appuyés, les bras exécutent des mouvements de flexion (fig. 43) et d'extension ; il faut avoir soin que, pendant ces mouvements, le corps n'abandonne pas sa position étendue.

Cet exercice peut aussi, comme l'indiquent les figures, s'exécuter à l'aide d'une table, d'une chaise, etc.

70. Extension avec appui en avant. — La barre d'abord à hauteur des aisselles, plus tard à hauteur de la poitrine.

L'exécutante s'avance vers l'appareil jusqu'à une distance égale à la longueur de l'avant-bras, puis saisit la barre avec les mains en position dorsale et séparées l'une de l'autre par un intervalle égal à la largeur du corps. A ce moment, elle fait un bond et s'appuie en s'étendant sur la

Fig. 44. — Extension avec appui en avant.

barre (fig. 44). Au moment où les genoux se fléchissent pour le saut, les coudes doivent se lever et le corps s'étendre un peu en avant. Dans cette position les bras et le corps doivent être dans l'extension; il faut surtout avoir soin que les épaules ne se lèvent pas.

Les exercices à la barre mettent en activité une grande partie des muscles du corps, notamment les muscles qui entourent la cage thoracique, les muscles supérieurs du dos et des épaules, les muscles des bras, ainsi que les muscles fléchisseurs des doigts. Telle est l'action de la suspension en extension (exercice 69), de la suspension avec mouvement alternatif des mains (exerc. 70) et de la suspension avec écartement des mains (exercice 71). La suspension avec brusque mouvement des mains (exerc. 73), le saut avec bascule des bras (exerc. 74) et la suspension en flexion (exercice 75), ont particulièrement pour effet de donner lieu à une contraction énergique des muscles fléchisseurs des bras. Le saut avec bascule des bras fait aussi contracter les muscles des jambes. Le balancement en suspension (exercice 72) agit d'abord comme la suspension en extension, mais elle met aussi en jeu la contraction des muscles de l'abdomen, des muscles inférieurs du dos ainsi que des muscles qui vont du bassin à la cuisse. La suspension avec inclinaison en avant et en arrière (exercices 76 et 77) et l'inclinaison avec appui en avant (exercice 78) intéressent les muscles des bras et des jambes et tous les muscles du tronc ; l'extension avec appui en avant (exercice 79) met surtout en activité les muscles qui vont du tronc aux épaules ainsi que les muscles extenseurs des bras. En faisant contracter un si grand nombre de muscles, les exercices à la barre ont pour effet de fortifier le système musculaire en général et de stimuler l'ensemble des échanges organiques; ils *tonifient* en particulier *les bras*, agissent favorablement sur le développement du thorax, activent les fonctions respiratoires et donnent au *maintien* plus de fermeté. Le balancement en suspension, la suspension avec inclinaison en avant ou en arrière, ainsi que l'inclinaison avec appui en avant, ont en outre pour effet d'activer le fonctionnement des organes abdominaux. Tous les exercices à la barre, à l'exception de l'extension avec appui en avant, peuvent être employés très avantageusement dans le traitement des déviations latérales de la colonne vertébrale ; parmi les exercices les plus profitables sous ce rapport, il faut mentionner spécialement la suspension en extension, le balancement en suspension, la suspension avec inclinaison en avant ou en arrière, mais surtout cette dernière, ainsi que l'inclinaison avec appui en avant. Le balancement latéral en suspension (exercice 72, *b)* doit, dans les déviations latérales de la colonne vertébrale, être exécuté de telle sorte que l'élan vers le côté correspondant à la convexité de l'incurvation soit beaucoup plus intense que vers le côté opposé.

XI. Exercices aux anneaux.

Pour la gymnastique de chambre, on peut se servir avantageusement de deux anneaux de bois, ayant environ 15 centimètres de diamètre intérieur, 3 centimètres d'épaisseur, et suspendus à des cordes d'une épaisseur de 15 millimètres. Ces cordes, à leur extrémité supérieure, sont fixées à des crochets, qui laissent entre eux un intervalle de 50 centimètres, et qui sont vissés solidement à une poutre du plafond, au milieu d'une chambre ou d'un corridor. Il faut avoir soin que les ouvertures de ces crochets soient dirigées en dehors. Les cordes doivent avoir une longueur telle, que les anneaux, dans leur position la plus basse, arrivent à peu près aux hanches de l'exécutante ; on peut, au moyen d'un huit en fer, que l'on fixe à l'extrémité inférieure de la corde, faire varier, suivant les besoins, la longueur des anneaux [1].

Dans les exercices suivants, les anneaux devront être

---

[1] On peut se procurer cet appareil chez tout fabricant d'instruments de gymnastique ou même dans les grands bazars où l'on vend des jouets.

saisis en position radiale, c'est-à-dire que le pouce sera tourné en haut et la face dorsale des mains en dehors.

80. Suspension avec inclinaison en avant. — Les anneaux sont, au commencement, à hauteur du sommet de la tête;

Fig. 45. — Suspension avec inclinaison en avant.

plus tard on les place plus bas. L'exécutante se tient debout entre les anneaux, les saisit et baisse le corps en arrière jusqu'à complète extension des bras (fig. 45), ou bien elle marche ou saute en avant assez loin pour que les bras et le corps soient en état d'extension.

81. Suspension avec inclinaison en arrière. — Les anneaux
sont, au commencement, à hauteur du sommet de la tête
ou un peu plus haut ; plus tard on les place plus bas. Se te-

FIG. 46. — Suspension avec inclinaison en arrière.

nant debout entre les anneaux, l'exécutante abaisse *lente-*
ment en avant le corps à l'état d'extension, jusqu'à ce que
les orteils seuls touchent le sol. Les bras restent légèrement fléchis ou sont complètement étendus (fig. 46). Il faut
veiller à ce que le corps, pendant qu'il s'abaisse, se main-

tienne à l'état d'extension et ne s'abandonne pas à un état de relâchement passif.

Dans la suspension avec inclinaison en avant ou en arrière, on peut exécuter la flexion et l'extension des bras, des mouvements des jambes, etc.; on peut aussi, de l'inclinaison en avant, passer à l'inclinaison en arrière, et réciproquement.

FIG. 47. — Suspension avec inclinaison latérale.

82. Suspension avec inclinaison latérale. — Le corps s'abaisse exactement vers la gauche (ou vers la droite), jusqu'à extension des bras. Les pieds restent appuyés sur le sol par toute la plante (fig. 47).

On doit tenir le corps raide, en évitant de le courber trop fortement.

Après être resté un certain temps ainsi incliné, le corps se redresse, puis s'incline du côté opposé.

83. Inclinaison avec circumduction. — Les anneaux sont, au commencement, placés plus haut que le sommet de la

FIG. 48. — Inclinaison avec circumduction.

tête. De la suspension avec inclinaison latérale à droite on passe, par un mouvement lent et uniforme, à l'inclinaison en avant, à l'inclinaison latérale gauche, à l'inclinaison en arrière, et ainsi de suite, ou bien en sens inverse (fig. 48, *a*, *b*, *c*, *d*). Le corps reste étendu ; les pieds ne doivent pas abandonner leur position, mais les talons se lèvent au moment de l'élan en avant.

84. Suspension en extension. — Les anneaux sont placés assez haut pour que l'exécutante ne puisse les saisir qu'en sautant légèrement. La position du corps est la même qu'à l'exercice 69.

Fig. 49. — Suspension en flexion.

85. Saut avec bascule des bras. — Les anneaux sont, au commencement, à hauteur du sommet de la tête; plus tard on les place plus haut. Les mains conservent la position radiale. Pour le reste, comme à l'exercice 74.

86. Suspension en flexion. — Les anneaux, au commencement, à hauteur du sommet de la tête. Sautant légèrement, l'exécutante fléchit les bras et les tourne de telle façon que les mains se trouvent en position palmaire devant les épaules (fig. 49) (comparez exercice 75).

87. Balancement. — Les anneaux, au commencement, sont plus haut que le sommet de la tête. L'exécutante les saisit et recule jusqu'à ce que, les bras étant tendus, son corps repose sur les orteils; puis elle court en avant et s'abandonne au balancement, qu'elle peut rendre plus intense en faisant quelques pas rapides au moment où elle se lance en avant et en arrière, ou en frappant des pieds le sol au moment où elle arrive au milieu de sa course. Quand elle se lance en avant, les jambes étendues se lèvent légèrement en formant un angle ouvert au niveau de l'articulation de la hanche (fig. 50); quand elle se lance en arrière, les jambes, d'abord étendues, se lèvent ensuite en arrière, en formant un creux au niveau de la région lombaire (fig. 51). Elle saute en bas un peu avant d'avoir terminé l'élan en arrière [1].

Les exercices aux anneaux mettent en activité les mêmes groupes musculaires que les exercices correspondants à la barre; leurs effets doivent donc être tout à fait semblables à ceux de ces derniers exercices. La suspension en extension, le saut avec bascule des bras et la suspension en flexion (exercices 84, 85 et 86) agissent comme les exercices de même nom exécutés à la barre; le balancement correspond au balancement en suspension en avant et en arrière, exécuté à la barre, mais son action est plus intense que celle de ce dernier exercice. Les suspensions avec inclinaison et l'inclinaison avec circumduction agissent sur le système musculaire tout entier;

---

[1] Pour prévenir toute chute chez les novices, une personne adulte exercée, se tenant près de l'endroit où l'exécutante doit sauter à terre, pourra la recevoir dans ses bras.

FIG. 50. — Balancement.

FIG. 51. — Balancement.

mais la suspension avec inclinaison latérale et l'inclinaison avec circumduction font surtout contracter énergiquement les muscles situés au niveau des parties latérales du corps, muscles que peu d'autres exercices mettent en activité.

L'inclinaison avec circumduction produit en même temps une action vivifiante, bienfaisante et agréable sur l'ensemble de l'organisme.

Contre les *déviations latérales de la colonne vertébrale* on peut employer avec avantage tous ces exercices aux anneaux, mais particulièrement la suspension en extension, le balancement, la suspension avec inclinaison en avant, et surtout la suspension avec inclinaison en arrière et avec inclinaison latérale. Cette dernière ne doit alors être exécutée que d'*un seul côté*, du côté de la concavité de l'incurvation.

XII. Exercices avec la balle ordinaire

Pour ces exercices on se sert d'une balle de 6 à 10 centimètres de diamètre. Elle peut être bourrée avec des poils de veau et être recouverte de cuir coloré ou d'une forte étoffe. On peut aussi se servir d'une balle en gomme élastique creuse, à parois épaisses. Il est facile de fabriquer soi-même une balle, en taillant en forme de sphère un bouchon de liège, en le couvrant de laine jusqu'à ce qu'il ait le volume nécessaire et le garnissant ensuite avec du fil de couleur vive, de préférence rouge.

I. Exercices pour une personne seule

a) Jeter la balle verticalement en haut avec les deux mains, et la recevoir avec les deux mains.

b) Jeter la balle verticalement en haut avec la main droite (ou la main gauche) et la recevoir avec les deux mains.

c) Jeter la balle verticalement en haut avec les deux mains, et la recevoir avec la main droite (ou la main gauche).

d) Jeter la balle verticalement en haut avec la main droite (ou la main gauche), et la recevoir avec la même main.

e) Jeter la balle verticalement en haut avec la main droite (ou la main gauche), et la recevoir avec l'autre main.

On peut aussi exécuter ces exercices en marchant ou en courant.

f) Jeter la balle contre un mur, et la recevoir avec les deux mains ou avec une seule main.

g) Jeter la balle verticalement contre le sol et la recevoir quand elle a rebondi.

II. Exercices pour deux ou plusieurs personnes

a) L'une jette la balle verticalement en haut ou contre une muraille, l'autre cherche à la recevoir.

b) L'une jette la bálle, en lui faisant décrire un arc plus ou moins prononcé, à une autre personne debout à une distance plus ou moins grande (fig. 52).

c) La balle est obliquement lancée contre le sol par une personne, et reçue par une autre.

d) Deux personnes lancent et reçoivent en même temps une balle, etc.

S'agit-il de recevoir la balle avec *les deux mains*, la face dorsale des mains pourra être dirigée en dehors (en position radiale), ou bien encore une des deux mains, la

Fig. 52. — Exercice avec la balle ordinaire.

droite, par exemple, ayant sa face dorsale tournée vers le visage (position dorsale), est placée en haut par rapport à l'autre main, laquelle est en position palmaire, c'est-à-dire présente au visage sa face palmaire. Les commençantes ont coutume de prendre la première position ; mais la seconde position, permettant de recevoir la balle avec plus de sûreté, mérite la préférence.

S'agit-il de recevoir la balle avec *une seule main*, il est avantageux de placer cette main en position dorsale, quand la balle arrive décrivant un arc très prononcé ou qu'elle tombe perpendiculairement.

Tous ces exercices peuvent être exécutés le corps restant en repos, ou bien être combinés avec la bascule des genoux, le saut et autres mouvements du même genre.

Après avoir jeté la balle et avant de la recevoir on peut, dans cet intervalle, exécuter un claquement de mains [1], etc.

XIII. Exercices au volant.

On peut se procurer des volants et des raquettes dans tout magasin de jouets. Le volant est formé d'un morceau de liège de 4 à 5 centimètres de diamètre, recouvert d'étoffe ou de cuir, et dont la face supérieure, plane, porte une couronne de plumes longues de 6 à 9 centimètres. La raquette consiste en un cerceau ovale ou piriforme, pourvu d'un manche et garni de cordes à boyau tressées en réseau.

---

[1] On trouvera des indications plus détaillées dans le petit ouvrage de Hermann : *Das Ball-Werfen und Ball-Fangen als nothwendige Fertigkeiten zur Betreibung der Ballspiele und als Turn-Uebungsstoff*, Berlin, 1884. R. Gaertners Verlagsbuchhandlung (Hermann Heyfelder).

Fig. 53. — Exercice au volant.

On ne peut s'adonner à cet exercice en plein air que quand le temps est calme.

Pour une personne seule ce jeu consiste à lancer le volant d'un coup de raquette et à le frapper d'un nouveau coup avant qu'il touche le sol, de manière à le maintenir constamment en mouvement. Si deux ou plusieurs personnes prennent part au jeu, elles se placent l'une vis-à-vis de l'autre, ou en triangle, en carré, en cercle, et vivement elles se lancent le volant l'une à l'autre (fig. 53).

De tous les jeux qui exigent de vifs mouvements, le jeu de balle dans ses diverses formes est celui qui mérite la préférence.

En lançant et recevant la balle, en frappant le volant de la raquette, on met en activité tout le corps; on exécute alternativement avec vivacité et précision de petits mouvements et de grands mouvements de rotation, on court, on saute brusquement et l'on s'arrête de même. C'est dans le jeu de balle que le corps trouve la plus belle occasion d'exercer sa force et sa grâce, et d'acquérir ces qualités. Le système musculaire tout entier entre en jeu, la respiration et la circulation s'accélèrent, les échanges organiques deviennent plus actifs. Ces mouvements, qui exigent de la vivacité, sans efforts exagérés, ont encore pour avantage de stimuler l'esprit et de le mettre en joyeuse humeur; aussi peuvent-ils être considérés comme jouant un rôle important au point de vue hygiénique.

C'est ce que savaient déjà les Grecs et les Romains de l'antiquité, lesquels, depuis les premiers temps de leur grandeur jusqu'à l'époque de leur décadence, s'adonnèrent toujours avec prédilection aux exercices de la balle[1].

---

[1] Voyez Leblond et Bouvier, *La Gymnastique et les exercices physiques*, Paris, 1888.

Les anciens médecins, tels que Galien, Antyllus et autres,
faisaient grand cas de ce jeu et le recommandaient vivement comme exercice gymnastique et curatif.

XIV. Tableau des exercices.

Pour permettre au lecteur de trouver plus facilement
les diverses formes de mouvement indiquées dans chaque
groupe d'exercices, nous donnons ci-dessous un tableau
d'ensemble des exercices :

I. Mouvements de la tête.
(Exercices du cou).

1. Rotation de la tête (fig. 1).
2. Flexion de la tête en avant et en arrière.
3. Flexion latérale de la tête (fig. 2).
4. Circumduction de la tête.

II. Exercices du tronc.

5. Rotation du tronc (fig. 3).
6. Flexion du tronc en avant et en arrière (fig. 4 et 5).
7. Flexion latérale du tronc (fig. 6).
8. Circumduction du tronc.

III. Exercices des bras et des mains.

9. Elévation des épaules.
10. Mouvement des épaules en avant et en arrière.
11. Elévation latérale des bras.
    a) Jusqu'à la position horizontale (fig. 7, *a b*).
    b) Jusqu'à la position verticale (fig. 7, *c d*).
12. Balancement latéral des bras :
    a) Jusqu'à la position horizontale.
    b) Jusqu'à la position verticale.

13. Elévation des bras en avant.
14. Balancement des bras en avant.
15. Balancement des bras en arrière (fig. 8).
16. Déploiement des bras.
17. Circumduction en entonnoir (fig. 9).
18. Moulinet (fig. 10).
19. Flexion et extension des bras (fig. 11).
20. Extension des bras en arrière et en bas (fig. 12 et 13).
21. Impulsion des bras.
22. Frottement des mains.
23. Coups d'avant-bras en position dorsale (fig. 14).
24.   —   —   en position palmaire (fig. 15).
25. Coups brusques.
26. Flexion et extension des mains (fig. 16).
27. Circumduction des mains.
28. Flexion et extension des doigts.
29. Ecartement des doigts.

IV. Exercices des jambes et des pieds.

30. Elévation de la jambe :
    a) En avant et en arrière (fig. 17).
    b) Obliquement en avant et en arrière.
    c) Latéralement.
31. Ecartement de la jambe.
32. Balancement de la jambe en avant et en arrière.
33. Circumduction de la jambe.
34. Rotation des jambes.
35. Flexion du genou (fig. 18).
36. Flexion alternative des genoux :
    a) En position de locomotion en avant (fig. 19).
    b) En position de locomotion latérale.
37. Elévation du genou en avant et extension de la jambe
    fig. 20).
38. Elévation de la jambe proprement dite.
39. Station sur les orteils (fig. 21).
40. Flexion du pied.

41. Rotation du pied.

42· Circumduction du pied.

V. Marche, Course, Saut.

43. Marche en avant à grands pas.

44. Marche ascendante.

45. Marche avec élévation du talon en arrière.

46. Course :

    a) En levant légèrement le genou.

    b) En faisant de grands pas.

    c) En levant le talon en arrière.

47. Saut avec talons rapprochés :

    a) Sur place,

    b) En changeant de place.

VI. Exercices composés.

48. Flexion de la tête en arrière et élévation des bras en arrière.

49. Flexion du tronc en avant avec balancement des bras.

50. Flexion latérale du tronc avec balancement des bras.

51. Rotation du tronc avec balancement des bras.

VII. Exercices du bâton.
Position primitive (fig. 22).

52. Elévation du bâton :

    a) Jusqu'à position horizontale des bras.

    b) Au-dessus de la tête (fig. 22, *c*, *d*).

53. Abaissement du bâton en arrière (fig. 23) :

    a) Jusqu'à flexion des bras.

    b) Jusqu'à extension des bras.

54. Surélévation du bâton avec les deux bras (fig. 24).

55. Balancement du bâton (fig. 25).

56. Abaissement latéral du bâton (fig. 26).

57. Surélévation du bâton avec un seul bras (fig. 27).

58. Extension latérale des bras:

    a) En position fléchie en avant (fig. 28).

    b) En position fléchie en arrière (fig. 29).

59. Balancement latéral du bâton avec rotation du tronc (fig. 30).

60. Marche avec bâton tenu en arrière (fig. 31).

VIII. Exercices avec le tonique brachio-pectoral.

Position primitive (fig. 32).

61. Extension simultanée des deux bras (fig. 33).

62. Extension alternative des bras (fig. 34).

63. Extension des bras dans diverses directions (fig. 35).

64. Elévation des bras.

65. Déploiement des bras (fig. 36).

66. Abaissement latéral des bras (fig. 37).

67. Abaissement en arrière (fig. 38).

68. Surélévation.

IX. Exercices à la barre.

69. Suspension en extension en position dorsale (fig. 39).

70. Suspension avec mouvement alternatif des mains :

    a) Sur place,

    b) En changeant de place.

71. Suspension avec écartement des mains.

72. Balancement en suspension :

    a) En avant et en arrière,

    b) Latéralement à droite et à gauche.

73. Suspension avec brusque mouvement des mains :

    a) Sur place.

    b) En changeant de place.

74. Saut avec bascule des bras.

75. Suspension en flexion avec position palmaire des mains (fig. 40).

76. Suspension avec inclinaison en avant.

77. Suspension avec inclinaison en arrière (fig. 41).

78. Inclinaison avec appui en avant (fig. 42).

Flexion des bras en inclinaison avec appui (fig. 43).

79. Extension avec appui en avant (fig. 44).

X. Exercices aux anneaux.

80. Suspension avec inclinaison en avant (fig. 45).
81. Suspension avec inclinaison en arrière (fig. 46).
82. Suspension avec inclinaison latérale (fig. 47).
83. Inclinaison avec circumduction (fig. 48).
84. Suspension en extension.
85 Saut avec bascule des bras.
86. Suspension en flexion (fig. 49).
87. Balancement (fig. 50 et 51).

XI. Exercices avec la balle ordinaire.

I. Exercices pour une personne seule.
II. Exercices pour deux ou plusieurs personnes.
Balle lancée et reçue (fig. 52).

XII. Exercices au volant.

Lancement du volant (fig. 53).

Remarque. I. — Ces exercices seront exécutés *exactement* d'après les prescriptions données dans la *Gymnastique chez soi* et en tenant compte des positions et des mouvements indiqués par les figures.

Remarque. II. — Quant aux vêtements dont l'exécutant devra se servir de préférence, nous en avons parlé à la page 29 de ce livre.

CHAPITRE III

LA GYMNASTIQUE DE CHAMBRE CHEZ LES JEUNES FILLES ET LES FEMMES EN BONNE SANTÉ

Il est beaucoup plus avantageux de prévenir les maladies que de les guérir. Or les exercices méthodiques du corps ne sont pas seulement très propres à combattre avantageusement un grand nombre d'états morbides; ils ont encore au plus haut degré la propriété d'imprimer aux fonctions de l'organisme une direction qui en assure le développement normal. C'est ainsi qu'ils peuvent, en amoindrissant ou en supprimant les funestes effets d'un grand nombre de causes morbifiques, prévenir l'éclosion de nombreuses maladies. Il ne faut donc pas attendre, pour avoir recours à la gymnastique, que se soient manifestés un état de faiblesse générale et de langueur, des phénomènes morbides dans le fonctionnement de divers organes ou des déviations dans le développement normal du corps; il faut, par une pratique régulière de ces exercices depuis l'enfance jusqu'à la vieillesse, maintenir le corps en bon état, affermir la santé, et la mettre à l'abri des nombreuses causes d'altération dont elle est constamment menacée.

I. De la naissance à la fin de la première année.

Dans la première période de la vie humaine, période qui s'étend de la naissance à la fin de la première année, chez les *nourrissons* par conséquent, il ne peut pas être encore question évidemment d'exercices méthodiques du corps.

A cette époque, tous nos efforts doivent tendre à favoriser le développement de l'enfant, en soignant le fonctionnement de sa peau (bains chauds, couche et vêtements secs et très propres), en lui fournissant un air pur et sain, en ne le gênant pas dans des maillots ou des vêtements trop étroits [1].

Il est important aussi de le laisser libre d'exercer, dans le berceau, ses membres par des mouvements vifs et variés. Mais il faut bien se garder de l'obliger à s'asseoir, à se tenir debout ou à marcher trop tôt; il vaut mieux attendre pour cela que, sentant ses forces s'accroître, il se lève de lui-même sur sa couche pour s'asseoir ou pour tenter ses premiers pas. En voulant forcer prématurément un nourrisson à s'asseoir, on peut donner lieu chez lui au développement de déviations de la colonne vertébrale.

Le même inconvénient peut d'ailleurs se produire chez les enfants que leur bonne a l'habitude de porter toujours sur le même bras, et qui par conséquent s'inclinent constamment *du même côté*.

On donnera aux enfants, pour leurs premiers essais de

---

[1] Voyez Bouchut, *Hygiène de la première enfance*, 8e édition. Paris, 1885. — Donné, *Conseils aux mères sur la manière d'élever les enfants nouveau-nés*, 7e édition, Paris, 1884. — Coriveaud, *La Santé de nos enfants*. Paris, 1890.

station debout et de marche, de petits souliers mous, munis de semelles de cuir et bien faits à la mesure de leurs pieds.

II. Age des jeux.

A cette première période succède celle que l'on peut appeler l'*âge des jeux*, qui s'étend de la fin de la première année au commencement de la septième. Cette époque peut, d'après les conditions de développement de l'enfant, être divisée en deux périodes secondaires, qui s'étendent, la première, de l'âge d'un an à celui de trois ans et demi; la seconde, de l'âge de trois ans et demi à celui de six ans accomplis.

Dans la *première* de ces périodes, il suffit de laisser l'enfant se livrer à son instinct, qui le porte à se mouvoir, et qui est le meilleur guide dans le choix de ses jeux, auxquels on le laissera librement s'exercer, autant que possible, en plein air, sur du sable sec et propre. Des balles élastiques légères, de petits ustensiles de jardin, de petits balais, de simples poupées commodes à manier (point de ces poupées précieuses, à habits de soie et à tête de cire), tels sont les instruments dont la petite fille se sert de préférence. Il faudra dès cette époque veiller à ce que ses mouvements, au lieu de se borner à mettre en jeu des groupes limités de muscles, donnent lieu à un développement régulier et uniforme de tout le système musculaire; on l'habituera, autant que possible, à se servir également de ses deux mains pour saisir et retenir les objets, à se servir alternativement du pied droit et du pied gauche pour monter les escaliers, etc.

Dans la *seconde période* de cet âge de la vie, on laissera encore la petite fille s'abandonner à l'instinct qui la pousse à se mouvoir; on peut cependant alors, en lui offrant divers jeux, lui donner les moyens de rendre ses exercices plus variés et plus profitables. A côté du jeu de balle viendront se placer les jeux au cerceau, à la corde, etc. Mais il faudra veiller à ce que, en sautant à la corde ou au cerceau, elle n'imprime pas à son corps de trop violentes secousses, qui pourraient être nuisibles; elle devra sauter à terre sur les orteils et en fléchissant les genoux, et non en raidissant les jambes, et ces exercices ne devront pas être prolongés à l'excès ou être l'objet de paris. La céphalalgie, des nausées, se manifestant à la suite de ces exercices, doivent être considérées comme indiquant que les mouvements ont été exagérés. A cette période de la vie les jeux d'imitation conviennent aussi très bien. Parmi ces jeux viendront se placer quelques exercices faciles, exécutés sans instruments (flexion de la tête en avant, rotation de la tête, flexion du tronc, rotation du tronc, élévation des bras en avant et de côté, flexion et extension des bras, écartement des jambes en avant, station sur les orteils et flexion des genoux, etc.), et ces exercices ne seront pas commandés d'une manière rigoureuse et pédante, mais ils constitueront de joyeux amusements, auxquels les petites filles se livreront en imitant l'une d'entre elles, autour de laquelle elles seront groupées en cercle.

En dehors de ces exercices, dirigés en vue du développement de la petite fille, on doit encore, pendant toute la durée de cet âge, avoir soin de la mettre à l'abri de tout ce qui peut nuire à sa santé. Ainsi, on lui donnera un vêtement commode, nullement étroit; on fixera ses vêtements de dessous à un tricot dont le tissu laissera librement s'évaporer les produits de la transpiration, et l'on évitera ainsi de comprimer la région abdominale supérieure, ce qui est très préjudiciable au fonctionnement des organes respiratoires et digestifs; on évitera aussi l'emploi des jarretières, qui serrent le mollet et empêchent le développement des muscles de cette région; on devra, pour fixer les bas, se servir de préférence de rubans élastiques, qui, montant le long de la partie externe des cuisses, iront s'attacher au tricot. On donnera à la petite fille des souliers commodes, bien faits à sa mesure, larges au devant, pourvus de talons larges et bas, ne comprimant point les orteils et ne gênant nullement le développement des pieds. Toutes ces précautions, en laissant à la petite fille la liberté entière de ses mouvements, auront pour résultat de permettre au corps de se développer aussi bien que possible.

III. Age de l'école.

A l'âge des jeux succède l'*âge de l'école*, c'est-à-dire l'époque de la vie qui s'étend en moyenne de la septième à la quinzième année. Au point de vue du développement du corps à cette époque, le mieux est que la jeune fille avec des compagnes de son âge puisse librement jouer en plein air et prenne part aux exercices gymnastiques qui se font régulièrement à l'école. A moins de circonstances impérieuses leur interdisant ces exercices, on ne devrait jamais laisser les jeunes filles s'en dispenser; mais le plus souvent cette gymnastique de l'école est insuffisante, surtout dans les grandes villes, où les jeunes filles passent trop de temps enfermées dans des chambres. On doit alors leur permettre des excursions à la campagne, où elles pourront librement prendre leurs ébats et où elles trouveront une atmosphère pure, qui exercera sur le développement des poumons et sur la constitution du sang une salutaire influence. Des exercices gymnastiques rationnels exécutés à la maison pourront aussi former alors un complément avantageux de la gymnastique de l'école ; et dans les cas où la jeune fille sera dans l'impossibilité de prendre part à cette gymnastique, l'usage des exercices chez soi deviendra alors nécessaire et présentera de grands avantages.

Au point de vue de ces exercices, on peut diviser l'âge de l'école en deux périodes secondaires : la première, qui s'étend de la septième à la dixième année environ ; la seconde, qui s'étend de la dixième à la quinzième année.

L'emploi quotidien méthodique des exercices du corps est pour les jeunes filles, à cette époque de leur vie, d'une très grande importance.

Dans la *première période* de cet âge, le changement de vie, résultant de la fréquentation des écoles, peut avoir des conséquences fâcheuses pour le développement de la jeune fille. Le séjour prolongé dans un espace clos, où respirent un grand nombre de personnes, constitue une condition défavorable à la formation normale du sang ; l'obligation de rester longtemps assis agit de la même manière, donne lieu à l'affaiblissement des muscles et a souvent pour conséquence la production de déviations latérales de la colonne vertébrale ; l'excitation du cerveau, résultant d'une excessive tension intellectuelle, provoque l'apparition de céphalalgies, rend la jeune fille nerveuse et exerce une action défavorable sur le développement général de l'organisme. Il s'agit donc ici, en rétablissant aussi complètement que possible les conditions naturelles de la vie, d'assurer à la jeune fille l'avantage d'un développement normal. C'est ce à quoi l'on parviendra au moyen d'exercices gymnastiques appropriés et en fournissant à la jeune fille un air pur et sain.

Dans la *seconde période*, les jeunes filles, par suite des exigences sociales, ne pouvant que rarement se livrer à de vifs mouvements en plein air, étant condamnées à passer une grande partie de leur journée assises dans leurs chambres, sont exposées à voir le développement de leur thorax ne se faire qu'imparfaitement, en même temps que leur sang s'appauvrit (chloro-anémie) ; on devra donc chez elles, par une pratique régulière et constante de la gymnastique chez soi, assurer aussi bien que possible le développement de la cage thoracique. On y parviendra surtout au moyen des exercices du bâton et des exercices avec le tonique brachio-pectoral de Largiader. *(Exemples d'exercices :* pages 127-134.)

Dans la *seconde période* de cet âge, la puberté, faisant alors habituellement son apparition, entraîne souvent à sa suite des troubles variés. A cette époque les os du bassin commencent à se développer et atteignent peu à peu cette ampleur qui caractérise le bassin de la femme. Les glandes mammaires prennent de l'accroissement et les organes sexuels situés dans le bassin entrent dans leur période de développement. En même temps que cette maturité sexuelle commence à se manifester, ordinairement vers la quatorzième année, la période menstruelle apparait. A cette époque on voit habituellement se produire des troubles variés : douleurs lombaires, tiraillements dans le bassin et dans la poitrine, affaissement général, faiblesse dans les jambes, céphalalgie, irritabilité nerveuse, troubles de l'humeur, inaptitude au mouvement[1]. Dès l'apparition de ces phénomènes, il faut traiter la jeune fille avec ménagement et interrompre l'emploi des exercices gymnastiques. Lorsque, au contraire, la menstruation ne s'accompagne d'aucune incommodité, l'usage d'une gymnastique doucement excitante n'est nullement contre-indiqué.

En général, les exercices musculaires modérés présentent, dans cette seconde période, des avantages considéra-

---

[1] Voyez Coriveaud, *Hygiène de la jeune fille*, Paris, 1882.

bles. Le fonctionnement des muscles, particulièrement des muscles des jambes et de la partie inférieure du tronc, favorise, en effet, le développement du bassin et des organes qui y sont contenus; il active la respiration et l'hématose et prévient ainsi l'apparition de l'anémie et de la chlorose, affections si fréquentes à cette époque de la vie; en même temps il contribue à rendre l'esprit actif et l'humeur joyeuse et supprime ainsi les causes qui engendrent ces troubles nerveux, cet état d'irritabilité morbide, dont les jeunes filles souffrent si souvent. Chez celles qui sont d'une constitution vigoureuse, et chez lesquelles le développement sexuel s'accomplit trop brusquement, dominant toute l'activité de l'organisme, exerçant une influence puissante sur la vie de l'âme, et pouvant entraîner de graves dangers, physiques et moraux, on pourra prévenir ces dangers en soumettant la jeune fille à un travail actif et à des exercices gymnastiques, qui, sans la fatiguer outre mesure, absorberont en grande partie ses forces physiques.

IV. Age de l'adolescence.

Ensuite arrive l'*âge de l'adolescence*, qui s'étend jusqu'à la vingtième année, et durant lequel continuent les progrès de développement qui ont commencé à l'âge précédent. La formation des os s'achève, le bassin acquiert son ampleur normale, les formes extérieures s'arrondissent, le corps achève de se développer, les qualités du cœur commencent à se présenter avec leurs traits caractéristiques, la nature féminine déploie ses charmes séduisants.

A cette époque aussi les exercices du corps ont une grande importance pour le maintien de la santé. On doit en faire un choix judicieux, approprié à l'organisme féminin, plus faible que celui de l'homme au point de vue de la structure osseuse et du développement musculaire;

il faut ici avoir en vue plutôt le développement de la souplesse et de la grâce que celui de la force brutale. *(Exemples d'exercices :* pages 134-136.)

V. Age de la maturité.

Après l'âge de l'adolescence vient l'*âge de la maturité*. On peut le diviser en deux périodes : la *première* comprend l'époque de la vie où la femme a atteint son plus haut degré de force; dans la *seconde*, l'activité, tout en se conservant encore, commence à devenir moins vive. La première s'étend jusque vers la quarantième année; la seconde jusque vers l'âge de quarante-cinq à cinquante ans.

Le passage de la première à la seconde de ces périodes dépend d'ailleurs de l'état général des forces et se produit souvent beaucoup plus tard chez les personnes vigoureuses que chez les personnes faibles. Or un usage constant des exercices du corps peut, dans tous les cas, retarder notablement l'époque de cette transition. A l'âge où le corps est dans toute sa force, l'exercice musculaire constitue un besoin. Les mouvements gymnastiques auxquels il convient alors de donner la préférence doivent, chez la femme, avoir pour but plutôt le développement de la souplesse et de la grâce que celui de la force physique.

Dans la seconde période, les exercices gymnastiques, tout en mettant fortement en jeu les forces musculaires, devront cependant être exécutés avec plus de douceur que dans la première période. Mais si leur énergie est moindre, ils devront, en revanche, gagner en étendue, en durée. Cette observation s'adresse surtout aux femmes qui ont de la tendance à l'*embonpoint*, ce qui est ordinairement le cas pour celles qui sont vigoureuses, qui se nourrissent bien et qui jouissent en même temps d'un grand repos physique et moral.

De quarante-cinq à cinquante ans, la menstruation commence à devenir irrégulière et enfin disparaît ; c'est la fin des fonctions sexuelles de la femme. Durant cette période, des troubles de la santé, parfois graves, se manifestent chez un grand nombre d'entre elles. Parmi les plus fréquents, je citerai les congestions vers la tête et la poitrine et les troubles du système nerveux[1]. Mais, en général, on n'en doit pas moins, dans cette période critique de la vie, continuer l'usage des exercices du corps, se livrer au mouvement par des promenades à la campagne. Ces mouvements doivent, il est vrai, être modérés, paisibles ; ils doivent, sans provoquer une trop vive excitation de l'organisme, être en état de détourner vers le système musculaire l'afflux sanguin et nerveux qui tend à se faire vers les organes plus importants. *(Exemples d'exercices :* pages 137-138.)

VI. Vieillesse.

De l'âge de la maturité la femme passe peu à peu à l'âge de la dépression des forces, à la *vieillesse*. Ici encore ce passage s'effectue à des époques très diverses suivant l'état des forces des individus, et il peut être retardé au moyen d'exercices physiques réguliers. Celle qui, dès son enfance, a d'une manière constante exercé son corps, conserve plus longtemps sa vigueur, reste plus longtemps jeune, que celle qui s'est abandonnée à une vie molle et inactive. Alors même que la vieillesse a déjà fait des progrès, les exercices du corps sont encore très propres à maintenir les forces en bon état. Ces exercices doivent alors être exécutés doucement, avec d'autant moins d'efforts que la vieillesse sera plus avancée. *(Exemples d'exercices :* pages 139-140.)

[1] Voy. Alex. Mayer, *L'Age de retour, conseils aux femmes,* Paris, 1881.

CHAPITRE IV

EXEMPLES D'EXERCICES DE CHAMBRE A L'USAGE DES JEUNES FILLES ET DES FEMMES EN BONNE SANTÉ

1. Dans les exemples suivants, les exercices sont disposés par groupes, de telle façon qu'à chaque séance toutes les parties du corps puissent entrer en jeu. Ces groupes peuvent servir de modèles pour la combinaison d'autres exercices analogues.

2. Pendant un temps assez long il faut se borner à exécuter *le même* exercice, et cela *chaque jour*.

3. Les personnes faibles n'exécuteront le même groupe d'exercices qu'une seule fois à chaque séance quotidienne; quand leurs forces se seront accrues, elles le répèteront plusieurs fois.

4. Les personnes faibles ou non exercées, auxquelles les exercices correspondant à leur âge paraîtront trop difficiles, pourront commencer par des exercices plus faciles correspondant aux âges inférieurs.

5. Ces exercices seront exécutés *exactement* d'après les prescriptions données dans le chapitre second et en tenant compte des positions et des mouvements indiqués par les figures. Les exercices marqués comme devant

être exécutés avec tel bras ou telle jambe devront, cela va sans dire, être exécutés alternativement avec le bras et la jambe du côté gauche et du côté droit.

6. A la fin de chaque mouvement appartenant à la même forme d'exercices, l'exécutant fera une *pause*, pendant laquelle il respirera paisiblement et profondément. Deux ou trois fois, pendant l'exécution des exercices d'un même groupe, cette pause sera mise à profit pour l'exécution de mouvements de marche ou de course. Ces mouvements sont indiqués à chaque exemple d'exercices.

7. Quant aux *vêtements* dont l'exécutant devra se servir de préférence, nous en avons déjà parlé à la page 29.

I. Pour les jeunes filles de 7 à 10 ans

A cet âge, en dehors des exercices gymnastiques réguliers, la jeune fille se livrera souvent aux exercices moins sérieux de la petite balle.

1

Chaque exercice sera exécuté de six à douze fois ; dans l'intervalle, marche ordinaire.

Exercices.

2. Flexion de la tête en avant.

   —   — en arrière.

6. Flexion du tronc en avant (fig. 4).

   —   — en arrière (fig. 5).

13. Élévation des bras en avant (fig. 7).

11. Élévation latérale des bras.

14. Balancement des bras en avant.

12. Balancement latéral des bras.

Exerc.

31. Écartement des jambes en avant, à gauche et à droite,
à une hauteur modérée.

39. Station sur les orteils et sur la plante des pieds,
alternant avec la bascule des pieds (fig. 21).

35. Flexion et extension des genoux, alternant avec la
bascule des genoux (fig. 18).

2

Chaque exercice sera exécuté de six à douze fois. Dans l'intervalle,
marche à grandes enjambées.

Exerc.

1. Rotation de la tête à gauche et à droite (fig. 1).

5. Rotation du tronc à gauche et à droite (fig. 3).

6. Flexion du tronc en avant et en arrière (fig. 4 et 5).

19. Extension des bras en avant (fig. 11).

    —   —   de côté   —

    —   —   en haut   —

16. Déploiement des bras.

30. Élévation des jambes en avant (fig. 17).

    —   —   latéralement.

38. Élévation de la jambe.

35. Flexion des genoux (fig. 18).

39. Station sur les orteils (bascule des pieds) en position
de rapprochement (fig. 21).

3

Chaque exercice sera exécuté de six a douze fois. Dans les intervalles, marche ordinaire avec bâton tenu en arrière.

Exerc.

36 *a.* Flexion alternative des genoux en position de locomotion en avant (fig. 19).

Exerc.

37. Élévation du genou en avant et extension de la jambe
    (fig. 20).

47 *a*. Saut avec talons rapprochés sur place.

17. Circumduction en entonnoir en avant (fig. 9).

— — — en arrière —

20. Extension des bras en arrière en bas (fig. 12 et 13).

52 *a*. Élévation du bâton avec bras tenus horizonta-
    lement.

52 *b*. Élévation du bâton avec bras tenus au-dessus de
    la tête (fig. 22).

55. Balancement du bâton à gauche et à droite (fig. 25).

5. Rotation du tronc à gauche et à droite avec bras
   levés en avant (fig. 3).

6. Flexion du tronc en avant et en arrière (fig. 4 et 5).

3. Flexion de la tête latéralement, à gauche et à droite
   (fig. 2).

4

Chaque exercice sera exécuté de six à douze fois. Dans les intervalles, marche à grands pas avec les bras croisés derrière le dos
(page 31).

Exerc.

1. Rotation de la tête à gauche et à droite (fig. 1).

7. Flexion du tronc à gauche et à droite latéralement (fig. 6).

6. Flexion du tronc en avant et en arrière (fig. 4 et 5).

10. Extension des bras en avant, simultanément et alter-
    nativement (fig. 11).

    Extension des bras en haut, simultanément et alter-
    nativement (fig. 11).

Exerc.

23. Coups d'avant-bras en position dorsale (fig. 14).

24. — — en position palmaire (fig. 15).

53. Abaissement du bâton en arrière jusqu'à flexion des bras (fig. 23).

Abaissement du bâton en arrière jusqu'à extension des bras (fig. 23).

56. Abaissement du bâton latéralement, à gauche et à droite (fig. 26).

30 *b*. Élévation de la jambe obliquement en avant et en arrière (comparez fig. 17).

44. Marche ascendante sur place.

35. Flexion du genou (fig. 18).

47. *a*. Saut avec talons rapprochés sur place.

39. Station sur les orteils et sur la plante des pieds, alternativemeht (fig. 21).

Aux jeunes filles de cet âge conviennent aussi les exercices suivants :

a) A la barre fixe :

69. Suspension en extension (fig. 39). 72. Balancement en suspension. 76. Suspension avec inclinaison en avant. 78. Inclinaison avec appui en avant (fig. 42 et 43).

b) Aux anneaux :

80. Suspension avec inclinaison en avant (fig. 45). — 81. Suspension avec inclinaison en arrière (fig. 46). — 82. Suspension avec inclinaison latérale (fig. 47). — 84. Suspension en extension. — 85. Saut avec bascule des bras. — 87. Balancement (fig. 50 et 51).

II. Pour les jeunes filles de 10 à 15 ans.

A cet âge la jeune fille joindra le jeu du volant aux exercices avec la balle ordinaire.

5

Chaque exercice sera exécuté de six à douze fois. Dans l'intervalle, course sur place ou avec changement de place.

Exerc.

39. Bascule du pied en position de locomotion.
30. Élévation de la jambe en avant et latéralement (fig. 17).
34. Rotation des jambes.
35. Flexion du genou (fig. 18).
47 *b*. Saut avec talons rapprochés, en avant et en arrière.
14. Balancement des bras en avant.
12. / —   — latéralement.
20. Extension des bras en arrière, en bas (fig. 12 et 13).
16. Déploiement des bras.
54. Surélévation du bâton avec les deux bras (fig. 24).
55. Balancement du bâton à gauche et à droite (fig. 25).
58 *a*. Extension latérale des bras, avec bâton, en position fléchie en avant (fig. 28).
5. Rotation du tronc à gauche et à droite, avec bras levés en avant (fig. 3).
6. Flexion du tronc en avant et en arrière (fig. 4 et 5).
3. Flexion de la tête latéralement, à gauche et à droite (fig. 2).

6

Chaque exercice sera exécuté de six à douze fois. Dans les intervalles, course avec légère élévation du genou ou avec élévation de la jambe proprement dite.

Exerc.

4. Circumduction de la tête.

48. Flexion de la tête en arrière et élévation des bras en arrière.

7. Flexion du tronc latéralement, à gauche et à droite (fig. 6).

9. Elévation des épaules.

17. Circumduction en entonnoir (fig. 9).

19. Extension des bras en avant, latéralement, en haut (fig. 11).

57. Surélévation du bâton avec un seul bras, à gauche et à droite (fig. 27).

58 *b*. Extension latérale des bras, avec bâton, en position fléchie en arrière (fig. 29).

59. Balancement du bâton latéralement, avec rotation du tronc (fig. 30).

33. Circumduction de la jambe.

32. Balancement de la jambe en avant et en arrière.

30. Flexion alternative des genoux en position de locomotion (fig. 19).

47 *b*. Saut avec talons rapprochés latéralement à gauche et à droite.

49. Flexion du pied.

7

Chaque exercice sera exécuté de six à douze fois. Dans les intervalles, course à grands pas.

Exerc.

39. Station sur les orteils (avec un coussin sur la tête) (fig. 21).

34. Rotation des jambes.

35. Flexion du genou (avec un coussin sur la tête) (fig. 18).

47. Saut avec talons rapprochés sur place et en changeant de place.

15. Balancement des bras en arrière (fig. 8).

18. Moulinet (fig. 10).

21. Impulsion des bras en avant, latéralement et en haut.

55. Balancement du bâton (fig. 25).

56. Abaissement du bâton latéralement (fig. 26).

53 *b*.   —   — en arrière jusqu'à extension des bras.

49. Flexion du tronc en avant avec balancement des bras.

8. Circumduction du tronc.

3. Flexion de la tête latéralement (fig. 2).

2.   —   — en avant et en arrière.

Aux jeunes filles de cet âge conviennent en outre :

a) Les exercices avec le tonique brachio-pectoral, pages 78 85 ;

b) Les exercices à la barre, pages 86-97 ;

c) Les exercices aux anneaux, pages 97-105 ;

III. Pour les jeunes filles adolescentes

8

Chaque exercice sera exécuté de six à douze fois ; ceux marqués d'un * pourront l'être avec haltères. Dans les intervalles, marche avec bâton tenu en arrière.

Exerc.

4. Circumduction de la tête.

51. Rotation du tronc avec balancement des bras.

8. Circumduction du tronc.

12. * Balancement des bras latéralement.

14. *   —   — en avant.

18. * Moulinet (fig. 10).

24. * Coups d'avant-bras en position palmaire (fig. 15).

19. * Extension des bras en avant et en haut (fig. 11).

20. Extension des bras en arrière et en bas (fig. 12 et 13).

26. * Flexion et extension des mains.

32. Balancement de la jambe en avant et en arrière.

35. Flexion du genou (fig. 18).

40. Flexion du pied.

9

Chaque exercice sera exécuté de six à douze fois ; ceux marqués d'un * pourront l'être avec des haltères. Dans les intervalles, marche à grands pas avec bâton tenu en arrière.

Exerc.

1. Rotation de la tête à gauche et à droite (fig. 1).

5. Rotation du tronc à gauche et à droite (fig. 3).

Exerc.

50. Flexion du tronc latéralement avec balancement des
    bras.

16. * Déploiement des bras.

13. * Elévation des bras en avant.

11. *   —   —   latéralement (fig. 7).

21. * Impulsion des bras.

27. Circumduction des mains.

56. Abaissement du bâton latéralement (fig. 26).

55. Balancement du bâton (fig. 25).

58 *b.* Extension latérale des bras, avec bâton, en position
    fléchie en arrière (fig. 29).

33. Circumduction de la jambe.

36. Flexion alternative des genoux en position de loco-
    motion (fig. 19).

10

Chaque exercice sera exécuté de six à douze fois ; ceux marqués
d'un * pourront l'être avec des haltères. Dans les intervalles,
course sur place ainsi que légère élévation de la jambe avec bâton tenu en arrière.

Exerc.

3. Flexion de la tête latéralement, à gauche et à droite
   (fig. 2).

40. Flexion du tronc en avant avec balancement des bras.

17. * Circumduction en entonnoir.

23. * Coups d'avant-bras en position dorsale (fig. 14).

21. Mouvement du pilon.

57. Surélévation du bâton avec un seul bras (fig. 27).

54.   —   —   avec les deux bras (fig. 24).

59. Balancement du bâton latéralement avec rotation du
    tronc (fig. 30).

Exerc.

58 *a*. Extension latérale des bras avec bâton, en position fléchie en avant (fig. 28).

37. Elévation du genou en avant (modérée) et extension de la jambe.

38. Elévation de la jambe proprement dite.

35. Bascule des genoux.

42. Circumduction du pied.

Aux jeunes filles adolescentes conviennent aussi les exercices au *tonique brachio-pectoral*, les exercices à la *barre fixe* et aux *anneaux* (pages 78–105) ainsi que le jeu du *volant*.

IV. Pour les femmes d'un âge mûr

11

Chaque exercice sera exécuté de six à douze fois. Dans les intervalles, course sur place avec bâton tenu en arrière.

Exerc.

30. Bascule du pied (fig. 21).

42. Circumduction du pied.

36. Flexion alternative des genoux en position de locomotion (fig. 19).

32. Balancement de la jambe en avant et en arrière.

57. Surélévation du bâton avec un seul bras (fig. 27).

54.   —   —   avec les deux bras (fig. 24).

55. Balancement du bâton (fig. 25).

56. Abaissement du bâton latéralement (fig. 26).

58 *a*. Extension latérale des bras, avec bâton, en position fléchie en avant (fig. 28).

Exerc.

58 *b*. Extension latérale des bras, avec bâton, en position fléchie en arrière (fig. 29).

29. Écartement des doigts.

49. Flexion du tronc en avant, avec balancement des bras.

51. Rotation du tronc avec balancement des bras.

1. Rotation de la tête (fig. 1).

12

Chaque exercice sera exécuté de six à douze fois; ceux marqués d'un * pourront l'être avec haltères. Dans les intervalles, marche à pas modérément grands ou avec élévation modérée du genou.

Exerc

4. Circumduction de la tête.

5. Rotation du tronc à gauche et à droite (fig. 3.).

50. Flexion du tronc latéralement avec balancement des bras.

14. * Balancement des bras en avant.

19. * Extension des bras en haut et en arrière (fig. 11).

17. * Circumduction en entonnoir (fig. 9).

25. * Coups brusques.

23. * Coups d'avant-bras en position dorsale (fig. 14).

27. Circumduction des mains.

28. Flexion et extension des doigts.

30. Élévation de la jambe en avant et en arrière (fig. 17).

35. Bascule du genou (fig. 18).

33. Circumduction de la jambe.

41. Rotation du pied.

Aux dames jeunes conviennent encore les exercices avec le *tonique brachio-pectoral* (pages 78-85).

V . Pour la vieillesse

13

Chaque exercice sera exécuté, avec des mouvements modérés, de cinq à dix fois; le frottement des mains, de vingt à quarante fois. Dans les intervalles, marche avec bâton tenu en arrière.

Exerc.

42. Circumduction du pied.

35. Flexion du genou (fig. 18).

30. Élévation de la jambe en avant et en arrière (fig. 17).

11. Élévation du bras latéralement (fig. 7).

12. Balancement du bras latéralement.

17. Circumduction en entonnoir en arrière (fig. 9).

— — en avant (fig. 9).

19. Extension des bras en avant et en bas (fig. 11).

23. Coups d'avant-bras en position dorsale (fig. 14).

22. Frottement des mains.

27. Circumduction de la main.

29. Écartement des doigts et serrement du poing.

6. Flexion du tronc en avant et en arrière (fig. 4 et 5).

8. Circumduction du tronc

1. Rotation de la tête (fig. 1).

14

Ghaque exercice sera exécuté, avec des mouvements modérés, de cinq à dix fois; le frottement des mains, de vingt à quarante fois. Dans les intervalles, marche à pas modérément grands.

Exerc.

2. Flexion de la tête en avant et en arrière.

7. Flexion du tronc latéralement, à gauche et à droite (fig. 6).

8. Circumduction du tronc.

13. Elévation des bras en avant,

15. Balancement des bras en arrière.

16. Déploiement des bras.

19. Extension des bras latéralement et en bas (fig. 11).

22. Frottement des mains.

26 a. Flexion des mains en haut et en bas.

33. Circumduction de la jambe.

36. Flexion alternative des genoux en position de locomotion (fig. 19).

39. Bascule du pied (fig. 21).

CHAPITRE V

LA GYMNASTIQUE DE CHAMBRE CHEZ LES JEUNES FILLES ET LES FEMMES MALADES

Dans un grand nombre d'états morbides chroniques, exempts de toute manifestation inflammatoire et fébrile, les exercices de la gymnastique de chambre peuvent être avantageusement employés, soit pour seconder l'action d'un autre traitement, soit pour obtenir de ce seul emploi l'amélioration ou même la guérison complète de la maladie. Mais dans tous les cas où l'on se trouve en présence d'un trouble considérable de la santé, d'un état de faiblesse inquiétant, d'une atteinte grave portée au fonctionnement d'un organe important, on doit, avant de s'adresser aux exercices gymnastiques, *consulter un médecin*. C'est à lui à décider, dans un cas donné, quel genre de traitement convient le mieux, si les exercices gymnastiques peuvent être utiles, employés, soit seuls, soit associés à un autre traitement.

Parmi les états morbides, contre lesquels la gymnastique chez soi peut se montrer utile, les principaux sont les suivants :

**I. Faiblesse générale, retard dans le développement
de l'organisme, anémie et chlorose, défaut de développement
du thorax et des organes respiratoires** (poitrine faible).

Il s'agit ici, avant tout, par une alimentation convenable, par des mouvements respiratoires puissants [1], exécutés dans une atmosphère pure, de préparer un terrain favorable à une saine hématose; en même temps, à l'aide d'une *douce* stimulation de l'activité musculaire, obtenue au moyen d'exercices faciles, on cherchera à activer les échanges organiques, à améliorer les fonctions respiratoires, à remettre dans son état normal la vie nerveuse, en un mot à rétablir la santé *(Exercices : page 155).*

Se trouve-t-on en présence d'un *défaut de développement de la cage thoracique ?* On aura alors recours à tous les exercices susceptibles de faire dilater le thorax (élévation des épaules, mouvement des épaules en arrière, élévation et balancement des bras, déploiement des bras, circumduction des bras, extension des bras en arrière et en bas, coups d'avant-bras en position dorsale, la plupart des exercices avec le bâton et avec le tonique brachio-

---

[1] Voici comment on doit exécuter ces mouvements respiratoires : Debout, les bras étant pendants de chaque côté du corps, ou bien les mains étant appuyées sur les hanches, ou encore les bras étant placés derrière le dos, on dilate lentement, mais complètement, la cavité thoracique à l'aide d'un mouvement d'élévation des côtes et l'on fait ainsi pénétrer une grande quantité d'air dans les poumons; on maintient ainsi un moment le thorax dans cet état de dilatation maximum; puis, lentement et complètement, on laisse les côtes s'abaisser, la cavité thoracique se rétrécir et l'air qui se trouvait dans les poumons s'échapper à l'extérieur aussi entièrement que possible. Ces mouvements d'inspiration et d'expiration doivent se faire avec lenteur et régularité. On respirera surtout par le nez, la bouche restant fermée ou légèrement ouverte.

pectoral, ainsi que les exercices à la barre fixe et aux anneaux, particulièrement la suspension avec inclinaison en arrière, enfin l'inclinaison avec appui en avant et la flexion des bras dans cette position). Mais ici encore il est important de remarquer qu'on ne peut vraiment tirer avantage que d'exercices gymnastiques exécutés avec douceur, avec régularité, et dont les difficultés n'augmentent que peu à peu. Des efforts excessifs, imposés à l'organisme, ne pourraient avoir que des conséquences fâcheuses *(Exercices :* p. 157).

II. Engorgements dans les organes abdominaux: Constipation; engorgements dans le système de la veine porte et hémorroïdes; troubles de la menstruation.

La constipation habituelle, de même que les hémorroïdes, qui résultent d'un engorgement des veines abdominales appartenant au système de la veine porte, provoquent fréquemment des troubles dans diverses parties du corps ; tels sont : des mouvements congestifs vers la tête (d'où pesanteur de tête, céphalalgie, vertiges), vers la poitrine (d'où oppression, battements de cœur), et même des troubles nerveux et psychiques, pouvant amener des affections mentales bien caractérisées. Des exercices gymnastiques exécutés avec énergie et régularité peuvent, dans tous ces états morbides, produire d'excellents effets et déterminer souvent par eux-mêmes une guérison complète. Parmi les exercices qui peuvent alors être employés avec avantage, nous citerons : la rotation et la flexion du tronc, combinées avec le balancement des bras, la circumduction du tronc, le mouvement du pilon, l'écartement, le balancement et la circumduction des jambes, l'élévation du genou, la marche ascendante et à grands pas, la course à grands pas et avec élévation du genou, ainsi que le saut, tous exercices qui mettent en activité les muscles de l'abdomen, qui compriment et font mouvoir les organes de la cavité abdominale *(Exercices : page 159).*

Dans les cas de suspension de l'hémorragie menstruelle, on peut recommander les mêmes formes de mouvement, parce qu'elles ont pour effet d'activer la circulation du sang dans les vaisseaux de l'abdomen et de favoriser l'exsudation sanguine périodique. Quand la menstruation ne s'accompagne d'aucun trouble, on peut permettre, pendant toute sa durée, quelques mouvements exécutés sans effort, particulièrement de tranquilles mouvements des bras et des mains ainsi que de la tête. Si la menstruation est très abondante ou si elle s'accompagne de troubles de la santé, les exercices du corps, quels qu'ils soient, doivent être interdits, le repos absolu est alors de rigueur.

III. Obésité, pléthore et mouvements congestifs vers la tête et la poitrine.

Ces états se trouvent souvent réunis chez les femmes d'un âge moyen, menant une vie tranquille et assurée, se nourrissant bien et ne s'adonnant, pour troubler le moins possible ce bien-être, qu'à des exercices insuffisants. La graisse s'accumule alors dans tout le corps, le cœur lui-même en est souvent enveloppé, et l'on peut même en quelques points observer une dégénérescence graisseuse du muscle cardiaque. Comme conséquences de cet état on voit se produire de la dyspnée et des battements de cœur à chaque mouvement trop vif, et les dangers d'une paralysie cardiaque ou d'une attaque d'apoplexie sont toujours là menaçants.

Quand l'*obésité* n'est pas encore assez avancée pour
altérer l'état du cœur et en compromettre le fonctionnement, quand la dyspnée et les congestions vers la tête et la
poitrine ne se produisent *pas encore facilement*, on re-
commandera, en même temps qu'une alimentation modérée,
dans laquelle les substances grasses entreront le moins
possible, les bains froids et des exercices vifs et réguliers,
capables d'activer énergiquement les combustions organiques. On conseillera donc l'usage de la gymnastique
chez soi sous ses formes les plus entraînantes, par exemple
le balancement des bras en avant, en arrière et latéralement, le moulinet, l'impulsion des bras, les coups d'avant-
bras, les coups brusques, la flexion et la rotation du tronc
avec balancement des bras, la circumduction du tronc,
l'écartement et le balancement des jambes, la course à
grandes enjambées et avec élévation des genoux, les exercices du saut (*Groupes d'exercices* : pages 160-161).
Dans ces cas conviennent encore parfaitement les longues
promenades et l'ascension des montagnes.

Mais lorsque les mouvements congestifs vers la poitrine et vers la tête, lorsque les accès de vertige se produisent facilement, il faudra se borner à des exercices
plus doux, capables simplement de déterminer une action
dérivative du sang qui tend à se porter vers les parties
supérieures; tels sont les exercices suivants : élévation
et balancement des jambes lentement exécutés, circumduction de la jambe, élévation du genou et extension de
la jambe, élévation de la jambe proprement dite, petite
flexion et flexion alternative des genoux, marche ascendante et à pas allongés; flexion, bascule, rotation, circumduction des pieds, frottement des mains (*Groupes
d'exercices* : page 162). L'ascension forcée des montagnes ne doit pas être conseillée dans ces cas, parce que
la limite des efforts à faire ne peut pas alors être exacte-

ment déterminée et qu'elle peut facilement être dépassée, au grand préjudice de la malade.

IV. Asthme, dyspnée, respiration courte.

Ces manifestations morbides peuvent être indépendantes de toute altération organique appréciable, elles peuvent être de simples troubles nerveux ; mais elles peuvent aussi être sous la dépendance de maladies des poumons (catarrhe et emphysème) ou du cœur (altérations valvulaires).

Elles peuvent en tout cas être avantageusement traitées au moyen des exercices physiques, lesquels ont pour effet de fortifier les muscles respiratoires et d'améliorer l'état de la respiration. Mais il est important de remarquer que, toutes les fois que ces troubles respiratoires dépendront d'une affection cardiaque, on ne devra permettre que des exercices tranquilles, incapables d'exciter trop fortement le fonctionnement du cœur (*Exercices : page 162*).

V. Anomalies des formes du corps.

Un grand nombre de ces anomalies doivent être attribuées à de mauvaises habitudes, qui se sont développées dès l'enfance par suite de la répétition régulière de certains mouvements ou consécutivement à un état de faiblesse de certains organes, particulièrement de certains groupes musculaires. Dans les cas de ce genre des exercices gymnastiques rationnellement choisis pourront être employés avec avantage.

Voussure du dos. — C'est une des anomalies les plus fréquemment observées dans le jeune âge ; elle consiste dans une inflexion des vertèbres dorsales et cervicales, inflexion qui a pour conséquence de resserrer la cage thoracique et de gêner la respiration. On lui opposera avec avantage l'usage des exercices qui ont pour effet de fortifier les muscles des épaules et du dos et de faire dilater le thorax ; tels sont : la flexion de la tête et du tronc en arrière, les mouvements des épaules en arrière, le déploiement des bras, les coups d'avant-bras en position dorsale, l'élévation et le balancement des bras latéralement, le balancement des bras en arrière, la circumduction en entonnoir et le moulinet, l'extension des bras en arrière et en bas, la marche avec bâton tenu en arrière, l'abaissement du bâton en arrière, la surélévation du bâton en arrière avec les deux bras ; les exercices avec le tonique brachio-pectoral : déploiement des bras ; abaissement des bras latéralement en arrière et surélévation des bras; enfin les exercices à la barre fixe et aux anneaux : suspension en extension et inclinaison en arrière, ainsi que les exercices d'inclinaison avec appui à la barre fixe, à une table ou à une chaise (*Groupes d'exercices : page 163*).

Torticolis. — On l'observe fréquemment chez les enfants et chez les adultes. Il peut être produit par une déviation latérale de la colonne vertébrale ; mais il peut aussi être simplement la conséquence d'une mauvaise habitude. Dans ce dernier cas, on pourra avoir recours avec avantage aux flexions latérales de la tête, combinées avec les flexions latérales du tronc, flexions exécutées seulement du côté *opposé* à celui de la déviation.

Déviation des pieds en dedans. — Aux enfants qui, dans la station debout, pendant la marche et la course, tournent les pieds en dedans, on fera tourner fortement les pieds *en dehors*, et, dans cette position, on leur fera exécuter divers exercices (exercices de la tête, du tronc et des bras, station sur les orteils et flexion des genoux).

Déviation latérale de la colonne vertébrale. — Ces

déviations (scolioses) peuvent se produire chez les nourrissons que l'on porte toujours *du même côté*, sur le même bras. Les gardeuses ayant de la tendance à porter les enfants sur le bras gauche, ceux-ci, en s'appuyant sur elles, inclinent vers la droite leur colonne vertébrale ; il en résulte une déviation du rachis avec convexité à gauche. Pour prévenir la production de ce genre de déviation, il suffit évidemment de faire porter les enfants alternativement sur le bras gauche et sur le bras droit et de les habituer, autant que possible, à se servir également des deux mains pour saisir les objets.

Le plus souvent les déviations latérales de la colonne vertébrale se produisent chez les écoliers et résultent de leur manière vicieuse de s'asseoir devant la table sur laquelle ils écrivent ; et la faute en est souvent à la mauvaise disposition de la table et du siège. Pour que l'enfant soit commodément assis, voici quelles sont les conditions qu'il faut observer : Les pieds doivent trouver un appui sur le sol ou sur un tabouret ; la surface du siège doit être assez élevée au-dessus du sol ou du tabouret pour que les cuisses de l'enfant aient une direction horizontale ; la distance verticale, qui sépare le plan de la table de la surface du siège, doit être assez grande pour que les avant-bras de l'enfant, assis le corps dressé, puissent être placés sur la table, sans que l'enfant ait besoin de se courber en avant ou de lever les bras. Il est encore nécessaire que le plan de la table soit à quelques centimètres au-dessus et en avant du bord antérieur de la surface du siège [1]. L'enfant doit être assis devant la table de telle façon que la surface de la poitrine soit parallèle avec le bord de la table et que ses deux avant-bras reposent entièrement.

---

[1] V. Esmarch, *Zur Belehrung über das Sitzen der Schulkinder*, Kiel, 1884.

Le dos de l'enfant sera soutenu, à la partie inférieure (au niveau des reins), au moyen d'un dossier ou d'un coussin. *Jamais* l'enfant ne sera assis *obliquement* (ce qui n'est que trop fréquent), ayant habituellement le côté droit tourné vers la table et le bras droit seul appuyé. Le cahier sur lequel il écrit sera, au contraire, placé obliquement devant le milieu du corps, de sorte que les traits de l'écriture seront dirigés perpendiculairement au bord de la table [1].

Les positions vicieuses que prennent les enfants assis à l'école donnent naissance à une forme de scoliose très fréquente, dans laquelle la convexité de l'incurvation, siégeant à la partie dorsale de la colonne vertébrale, est dirigée vers la droite, ainsi que le montre la figure 54. L'incurvation de la colonne vertébrale est ici combinée avec une torsion de l'axe du rachis. Cette torsion a pour résultat de déterminer une voussure des côtes du côté droit et une élévation de l'omoplate droite, en même temps qu'un affaissement du côté gauche du dos et un abaissement de l'omoplate gauche. On observe souvent, dans ces cas, en même temps que cette déviation de la partie supérieure de la colonne vertébrale à droite, une incurvation moins accentuée siégeant à la partie inférieure du rachis, et dans laquelle la convexité est dirigée vers la gauche. Tant que cette déviation latérale de la colonne vertébrale est encore à sa première période, ce que l'on peut reconnaitre à ce que la jeune fille, à l'aide des indications de quelqu'un, peut elle-même se redresser, il est possible d'y remédier au moyen des exercices de la gymnastique chez soi. En donnant au corps des

---

[1] Voyez *Zur Schulgesundheitspflege. Veröffentlichungen der Hygiene-section des Berliner Lehrer-Vereins*, Berlin, 1886, p. 22,53.

positions rationnellement choisies, en lui faisant exécuter
certains mouvements, on peut, dans les cas de ce genre,
non seulement faire disparaître momentanément la diffor-
mité, ainsi que le représente la figure 55, mais encore
déterminer une amélioration persistante et même enfin une
guérison.

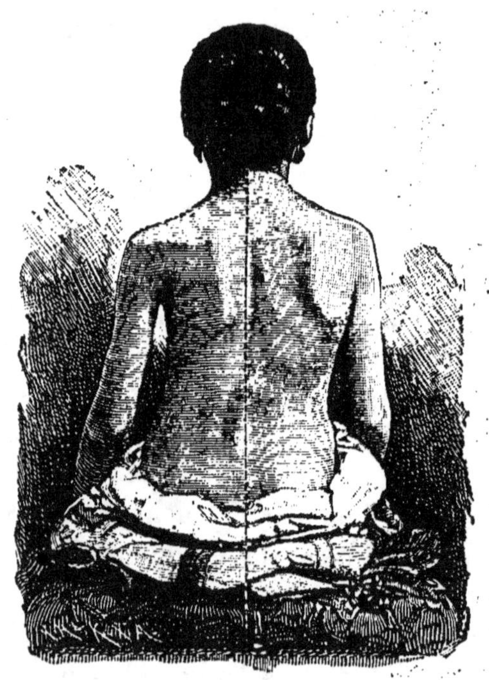

Fig. 54. — Déviation latérale de la colonne vertébrale.

Voici quels sont les principaux mouvements auxquels
on pourra recourir avantageusement dans le traitement
des déviations latérales de la colonne vertébrale.

Exercices sans instruments : Flexion latérale du
tronc, pouvant aussi être combinée avec le balancement
du bras du même côté; élévation et balancement du
bras latéralement, déploiement des bras, moulinet, exten—

sion des bras en arrière et en bas, station sur les orteils
et flexion du genou avec un coussin sur la tête.

Exercices du bâton : Station sur les orteils, flexion
des genoux et marche avec bâton tenu en arrière ; abaissement du bâton en arrière, surélévation du bâton avec les
deux bras et avec un seul bras, abaissement du bâton

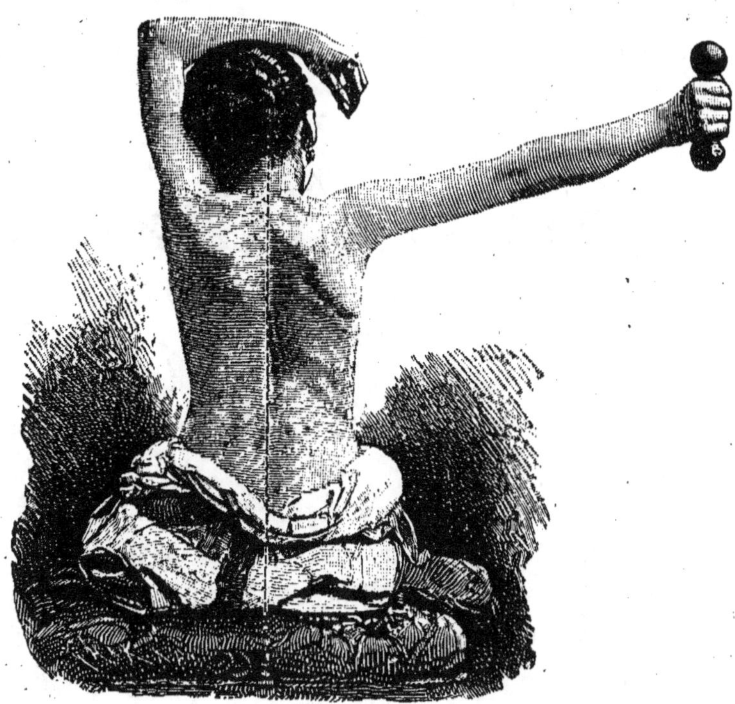

Fig. 15. — Exercice pour corriger la déviation de la colonne vertébrale.

latéralement (d'un seul côté), extension latérale d'un bras
en position fléchie en arrière et balancement du bâton
latéralement avec rotation du tronc (d'un seul côté).

Exercices avec le tonique brachio-pectoral : Déploiement des bras, abaissement et surélévation en arrière,
abaissement du bras latéralement (d'un seul côté), extension du bras latéralement (d'un seul côté) et extension
des bras dans différentes directions, un bras se dirigeant

obliquement en haut, l'autre se dirigeant obliquement en bas.

Exercices à la barre : Tous les exercices indiqués dans ce livre, particulièrement la suspension en exten-sion, le balancement en avant, en arrière et latérale-ment, la suspension avec inclinaison en arrière et l'in-clinaison avec appui en avant. Pour l'exécution de ces exercices à la barre fixe, dans les cas de déviations laté-

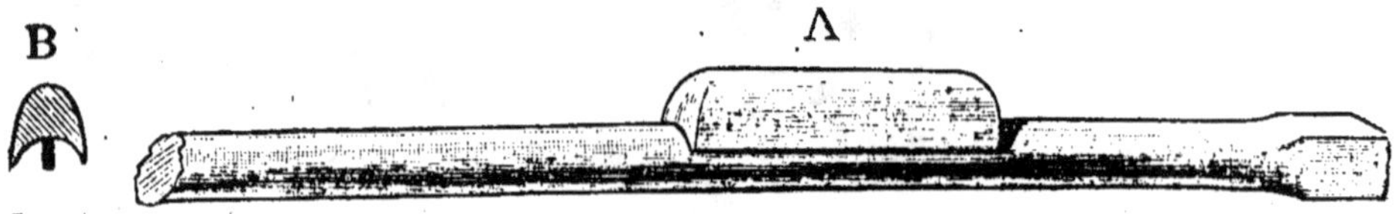

Fig. 56. — Selle pour la barre fixe.
A, vue de profil ; B, section transversale.

rales de la colonne vertébrale, il sera très avantageux de se servir d'une barre particulière : à une distance de 20 à 30 centimètres d'une de ses extrémités est fixé, au moyen de deux pointes, un morceau de bois, une sorte de selle longue de 18 centimètres et haute de 3 centimètres et demi. La face supérieure est bien arrondie, la face infé-rieure forme une gouttière qui correspond à la saillie arrondie de la barre. Voyez figure 56 : A, selle vue de profil ; B, section transversale. Sur cette selle, l'exécu-tante applique la main qui correspond à la concavité de la déviation rachidienne.

Exercices aux anneaux : Tous les exercices indiqués dans ce livre, notamment la suspension en extension, le balancement, la suspension avec inclinaison en avant, en arrière et latéralement (d'un seul côté) *(Groupes d'exer-cices :* pages 164-166).

Faiblesse musculaire et paralysies commençantes. — L'emploi de la gymnastique est ici très rationnel. On

choisira les exercices qui mettent en jeu les parties
musculaires faibles, et ces exercices seront d'abord
modérés, en rapport avec l'état des muscles affectés ; puis
peu à peu on en augmentera l'intensité à mesure que
s'accroîtra la force de ces muscles. Tout effort excessif
serait ici nuisible et pourrait souvent détruire les résultats avantageux obtenus péniblement par les exercices
antérieurs.

Spasmes choréiques et crampe des écrivains, —
Les exercices de la gymnastique chez soi peuvent aussi
être employés avantageusement dans le traitement d'un
grand nombre de troubles spasmodiques, tels que la danse
de Saint-Guy et la crampe des écrivains. Dans la *danse
de Saint-Guy,* il s'agit, au moyen de mouvements tranquilles, bien maîtrisés, au moyen d'exercices de balancement, dans lesquels le corps se maintient, autant que
possible, en équilibre, de faire en sorte que la volonté
reprenne peu à peu sa domination sur le système musculaire. La lente élévation et le lent abaissement des bras
ainsi que des jambes, la lente circumduction des bras, des
jambes, des mains et des pieds, la flexion et la circumduction des mains, les exercices des doigts, la flexion des
pieds, la rotation des pieds, la station sur les orteils et la
station sur la plante des pieds, lentement alternées (surtout avec un coussin sur la tête) ; la flexion, la rotation et
la circumduction, lentement exécutées, des genoux et de
la tête ; tels sont les mouvements qui doivent, dans ce
cas, être employés de préférence. Les exercices du bâton,
doucement exécutés, et, après quelques exercices prépa-
ratoires, la suspension en extension et le balancement à
la barre fixe, peuvent encore rendre de bons services.
Mais ces exercices, particulièrement ces derniers, doivent
toujours être exécutés sous la surveillance et avec l'aide
d'un maître.

Dans le traitement de la *crampe des écrivains*, on exercera les muscles de l'avant-bras, qui ont pour fonction de faire mouvoir la main : flexion et extension lentes de la main, lente circumduction de la main ; flexion et extension des doigts, exécutées lentement, mais avec énergie, serrement du poing et écartement des doigts.

Les personnes affectées de *hernies* peuvent sans inconvénient se livrer à la pratique des exercices de la gymnastique chez soi, à la condition de n'exécuter qu'avec précaution les exercices très vifs, et pourvu que, pendant cette exécution, elles portent un bon bandage, qui s'oppose à la sortie de la hernie. Dans le cas où, par suite d'un mouvement trop violent, le bandage viendrait à se déplacer, il faudrait immédiatement le remettre en place. Il est bon, en tout cas, de recommander aux personnes atteintes de hernies de consulter un médecin pour avoir son avis sur l'opportunité des exercices et sur l'extension qu'elles peuvent leur donner.

CHAPITRE VI

EXEMPLES D'EXERCICES DE CHAMBRE, A L'USAGE DES JEUNES FILLES ET DES FEMMES MALADES

1. Ces exercices seront exécutés *chaque jour*.

2. Ils le seront *exactement* d'après les prescriptions données dans le chapitre second, et en tenant compte des positions et des mouvements indiqués par les figures. Les exercices marqués comme devant être exécutés avec tel bras ou telle jambe devront, sauf ceux employés dans le traitement des déviations latérales de la colonne vertébrale, être exécutés, cela va sans dire, alternativement avec le bras et la jambe du *côté gauche* et du *côté droit*.

3. A la fin de chaque mouvement appartenant à la même forme d'exercices, l'exécutant fera une *pause*, pendant laquelle il respirera paisiblement et profondément.

4. Quant aux vêtements dont l'exécutant devra se servir de préférence, nous en avons déjà parlé à la page 29.

I. Faiblesse générale, anémie, chlorose.

15

Chaque exercice sera exécuté de quatre à dix fois. Dans les intervalles, marche ordinaire.

Exerc.

39. Station sur les orteils et sur la plante des pieds alternativement (fig. 21).

37. Élévation du genou en avant et extension de la jambe (fig. 20).

38. Élévation de la jambe proprement dite.

35. Flexion du genou (fig. 18).

30. Élévation de la jambe en avant et en arrière (fig. 17).

10. Mouvements des épaules en avant et en arrière.

11. Élévation latérale des bras (fig. 7).

16. Déploiement des bras.

19. Extension des bras en avant, en haut, en bas (fig. 11).

20. —   —   en arrière, en bas (fig. 12, 13).

26. Flexion et extension des mains (fig. 16).

6. Flexion du tronc en avant et en arrière (fig. 4 et 5).

5. Rotation du tronc à gauche et à droite (fig. 3).

2. Flexion de la tête en avant et en arrière.

1. Rotation de la tête à gauche et à droite (fig. 1).

16

Chaque exercice sera exécuté de quatre à dix fois. Dans les intervalles, marche avec bâton tenu en arrière.

Exerc.

. Rotation de la tête à gauche et à droite (fig. 1).

3. Flexion de la tête latéralement, à gauche et à droite (fig. 2).

Exerc.

5. Rotation du tronc avec bras portés horizontalement en avant (fig. 3).

7. Flexion du tronc latéralement à gauche et à droite (fig. 6).

17. Circumduction en entonnoir (fig. 9).

52. Élévation du bâton en position horizontale.

—   —   au-dessus de la tête (fig. 22, *cd).*

56. Abaissement du bâton latéralement, à gauche et à droite (fig. 26).

53 *a.* Abaissement du bâton en arrière jusqu'à flexion des bras (fig. 23).

58 *a.* Extension latérale (avec bâton) en position fléchie en avant (fig. 28).

27. Circumduction des mains.

33. Circumduction de la jambe.

35. Flexion du genou avec élévation des bras (fig. 18).

47. Saut avec talons rapprochés.

36. Flexion alternative des genoux en position de locomotion (fig. 19).

39. Bascule du pied (fig. 21).

Aux jeunes filles faibles et anémiques conviennent encore les exercices suivants :

Suspension en extension à la barre fixe et aux anneaux, et, dans cette position, mouvements des jambes et balancement modéré (exercices 69 et 84, 72 et 87), ainsi que les exercices à la balle (p. 105 et suivantes).

II. Défaut de développement du thorax et des organes respiratoires.

17

Chaque exercice sera exécuté de quatre à dix fois. Dans les intervalles, marche avec bâton tenu en arrière.

Exerc.

2. Flexion de la tête en arrière.
6. Flexion du tronc en arrière (fig. 5).
9. Élévation des épaules.
11. Élévation des bras latéralement (fig. 7).
17. Circumduction en entonnoir (fig. 9).
16. Déploiement des bras.
19. Extension des bras en haut et en bas (fig. 11).
20. —   —   en arrière, en bas (fig. 12 et 13).
53. Abaissement du bâton en arrière (fig. 23).
56. —   —   latéralement, à gauche et à droite (fig. 26).
35. Flexion des genoux avec bras élevés latéralement (fig. 18).
39. Bascule du pied (fig. 21).

18

Chaque exercice sera exécuté de quatre à dix fois. Dans les intervalles, marche avec bâton tenu en arrière.

Exerc.

48. Flexion de la tête en arrière et élévation des bras en arrière.
50. Flexion du tronc latéralement, avec balancement des bras.

Exerc.

10. Mouvement des épaules en avant et en arrière.

12. Balancement des bras latéralement.

18. Moulinet avec les deux bras (lentement) (fig. 10).

23. Coups d'avant-bras en position dorsale (impulsion modérée) (fig. 14).

54. Surélévation du bâton avec les deux bras (fig. 24).

57.   —   —   avec un seul bras, à gauche et à droite (fig. 29).

58 *b*. Extension latérale des bras (avec bâton) en position fléchie en arrière (fig. 29).

35. Flexion des genoux avec bras étendus en haut (fig. 18).

39. Station sur les orteils (avec un coussin sur la tête) (fig. 21).

Dans les mêmes cas on pourra encore avoir recours avantageusement aux exercices suivants :

a) Avec le tonique brachio-pectoral : Exercice 62. Extension alternative des bras (fig. 34). 65. Déploiement des bras (fig. 36). 66. Abaissement latéral des bras (fig. 37). 67. Abaissement en arrière (fig. 38). 68, surélévation.

b) A la barre : Exercice 69. Suspension en extension (fig. 39). 71. Suspension avec écartement des mains. 72. Balancement en suspension. 77. Suspension avec inclination en arrière (fig. 41). 78. Inclination avec appui en avant (fig. 42 et 43).

c) Aux anneaux : Exercice 81. Suspension avec inclinaison en arrière (fig. 46). 83. Inclinaison avec circumduction (fig. 48). 84. Suspension en extension (ainsi qu'avec balancement modéré en avant et en arrière).

III. Engorgements dans les organes abdominaux
(Constipation, hémorroïdes, arrêts de la menstruation)

19

Chaque exercice sera exécuté de six à douze fois. Dans les intervalles, marche avec élévation du genou.

Exerc.

6. Flexion du tronc en avant et en arrière (fig. 4 et 5).
7.   —   —   latéralement (fig. 6).
35. Bascule des genoux (fig. 18).
15. Balancement des bras en arrière (fig. 8)..
5. Rotation du tronc (fig. 3).
21. Mouvement du pilon.
23. Coups d'avant-bras en position dorsale (fig. 14).
49. Flexion du tronc en avant avec balancement des bras.
37. Elévation du genou en avant et extension de la jambe (fig. 20).
32. Balancement de la jambe en avant et en arrière.
8. Circumduction du tronc.
39. Bascule du pied (fig. 21).

20

Chaque exercice sera exécuté de six à douze fois. Dans les intervalles, course sur place et en changeant de place.

Exerc.

6. Flexion du tronc en avant et en arrière (fig. 4 et 5).
50.   —   —   latéralement avec balancement des bras.
16. Déploiement des bras.
18. Moulinet (fig. 10).

Exerc.

21. Impulsion des bras en haut et en bas.
51. Rotation du tronc avec balancement des bras.
36. Flexion alternative des genoux en position de loco-
     motion (fig. 19).
 8. Circumduction du tronc.
33. Circumduction de la jambe.
47. Saut avec talons rapprochés.
 5. Rotation du tronc (fig. 3).
35. Bascule des genoux (fig. 18).

IV. Obésité

21

Chaque exercice sera exécuté de six à douze fois. Dans les intervalles, marche à grandes enjambées.

Exerc.

 5. Rotation du tronc (fig. 3).
14. Balancement des bras en avant.
15.   —   —   en arrière (fig. 8),
49. Flexion du tronc en avant avec balancement des bras.
23. Coups d'avant-bras en position dorsale (fig. 14).
25. Coups brusques
 8. Circumduction du tronc.
31. Ecartement de la jambe.
51. Rotation du tronc avec balancement des bras.
33. Circumduction de la jambe.
 7. Flexion du tronc latéralement (fig. 6).
35. Flexion des genoux (fig. 18).
39. Bascule du pied (fig. 21).

22

Chaque exercice sera exécuté de six à seize fois. Dans les intervalles, course sur place et en changeant de place.

Exerc.

6. Flexion du tronc en avant et en arrière (fig. 4 et 5).

12. Balancement des bras latéralement.

18. Moulinet (fig. 10).

51. Rotation du tronc avec balancement des bras.

21. Impulsion des bras.

8. Circumduction du tronc.

32. Balancement de la jambe en avant et en arrière.

49. Flexion du tronc en avant avec balancement des bras.

33. Circumduction de la jambe.

50. Flexion du tronc latéralement avec balancement des bras.

36. Flexion alternative des genoux en position de locomotion (fig. 19).

39. Bascule du pied (fig. 21).

V. Mouvements congestifs vers la tête et la poitrine.

23

Chaque exercice sera exécuté de huit à vingt fois ; le frottement des mains, de vingt à quarante fois. Dans les intervalles, marche à pas modérément grands.

Exerc.

22. Frottement des mains.

30. Elévation de la jambe en avant et en arrière (fig. 17).

33. Circumduction de la jambe (lentement).

39. Bascule du pied (fig. 21).

Exerc.

25. Coups brusques.

35. Bascule du genou (fig. 18).

31. Ecartement de la jambe.

26. Flexion et extension des mains (fig. 16).

42. Circumduction du pied.

37. Elévation du genou en avant (modérée) et extension
de la jambe (fig. 20).

27. Circumduction des mains.

22. Frottement des mains.

VI. Troubles respiratoires.

24

Chaque exercice sera exécuté de six à seize fois. Dans les intervalles, marche avec bâton tenu en arrière.

Exerc.

9. Elévation et abaissement des épaules.

11. Elévation des bras latéralement (fig. 7).

16. Déploiement des bras.

18. Moulinet avec les deux bras (lentement) (fig. 10).

20. Extension des bras en arrière, en bas (fig. 12, 13).

35. Flexion des genoux avec bâton tenu en arrière,
(comp. fig. 18 et 31).

52 *b*. Elévation du bâton au-dessus de la tête (fig. 22 cd).

53. Abaissement du bâton en arrière (fig. 23).

58 *b*. Extension latérale des bras (avec bâton) en position
fléchie en arrière (fig. 29).

57. Surélévation du bâton avec un seul bras, à gauche et
à droite (fig. 27).

78. Inclinaison avec appui en avant à une table et flexion
des bras (fig. 42, 43.)

10. Mouvements des épaules en avant et en arrière.

VII. Voussure du dos.

25

Chaque exercice sera exécuté de six à seize fois. Dans les intervalles, marche avec bâton tenu en arrière,

Exerc.

48. Flexion de la tête en arrière avec élévation des bras en arrière.

10. Mouvement des épaules en arrière.

20. Extension des bras en arrière, en bas (fig. 12 et 13).

6. Flexion du tronc en arrière (fig. 5).

16. Déploiement des bras.

23. Coups d'avant-bras en position dorsale (fig. 14).

15. Balancement des bras en arrière (fig. 8).

39. Station sur les orteils avec un coussin sur la tête (fig. 21).

35. Flexion des genoux avec un coussin sur la tête (comp. fig. 18 et 21).

18. Moulinet avec les deux bras (fig. 10).

53. Abaissement du bâton en arrière (fig. 23).

54. Surélévation du bâton avec les deux bras (fig. 24).

Dans les cas de voussure du dos on pourra employer aussi les exercices suivants :

a) *Avec le tonique brachio-pectoral :* Exercice 65, déploiement des bras (fig. 36). 66, abaissement latéral des bras (fig. 37). 67, abaissement en arrière (fig. 38), 68, surélévation.

b) *A la barre fixe :* Exercice 69, suspension en extension (fig. 39) ainsi qu'avec balancement. 77, suspension avec inclinaison en arrière (fig. 41). 78, Inclinaison avec appui en avant (fig. 42 et 43).

c) Aux anneaux : Exercice 81, suspension avec inclinaison en arrière (fig. 46). 84, suspension en extension (ainsi qu'avec balancement en avant et en arrière).

VIII. Déviation latérale de la colonne vertébrale

(LA PARTIE DORSALE DU RACHIS FORMANT UNE INCURVATION DONT LA CONVEXITÉ EST DIRIGÉE A DROITE) [1]

Dans les intervalles qui séparent les divers exercices, l'exécutant prendra la position représentée par la figure 55, page 150 (le bras gauche fléchi au-dessus de la tête; le bras droit, chargé d'un haltère ou de tout autre poids du même genre, levé latéralement).

26

Chaque exercice sera exécuté de dix à vingt fois.

Exerc.

11. Elévation des bras latéralement (lentement) (fig. 7).
9. Elévation de l'épaule gauche.
6. Flexion du tronc en arrière (fig. 5) avec bras très élevé.
7. Flexion du tronc à droite latéralement avec bras gauche fléchi au-dessus de la tête (comp. fig. 6 et 55).
10. Mouvements des épaules en avant et en arrière.
17. Circumduction en entonnoir (fig. 9).
20. Extension des bras en arrière, en bas (fig. 12 et 13).
35. Flexion des genoux (fig. 18) avec bras levés latéralement.

[1] Si la convexité est dirigée vers la GAUCHE, les mouvements seront exécutés dans une direction opposée à celle qu'indiquent les exercices des groupes 26 et 27.

Exerc.

23. Coups d'avant-bras en position dorsale (fig. 14)[1].

18. Moulinet avec le bras gauche (coups, fig. 10).

39. Station sur les orteils avec un coussin sur la tête (fig. 21).

27

Chaque exercice sera exécuté de dix à vingt fois.

Exerc.

16. Déploiement des bras.

20. Extension des bras en arrière, en bas (fig. 12 et 13).

24. Coups d'avant-bras en position palmaire (fig. 15)[2].

.7. Flexion du tronc à droite latéralement avec le bras gauche fléchi au-dessus de la tête (coups, fig. 6 et 55).

53. Abaissement du tronc en arrière jusqu'à flexion des bras (fig. 23).

58 b. Extension latérale du bras droit (avec bâton) en position fléchie en arrière (fig, 29).

57. Surélévation du bâton avec le bras gauche (fig. 27).

55. Balancement du bâton à gauche (fig. 25).

56. Abaissement du bâton latéralement vers le côté droit (fig. 26).

59. Balancement du bâton latéralement avec rotation du tronc (seulement vers le côté droit) (fig. 30).

35. Flexion du genou avec bâton tenu en arrière (coups, fig. 18 et 31).

39. Station sur les orteils avec un coussin sur la tête.

---

[1] *Plus énergiquement avec le bras droit* qu'avec le bras gauche.

[2] *Plus énergiquement avec le bras droit* qu'avec le bras gauche.

Contre cette forme de déviation latérale de la colonne vertébrale on peut aussi employer les exercices suivants:

a) Avec le tonique brachio-pectoral: Exercice 62, extension du bras droit seulement (fig. 34). 63, extension des bras vers diverses directions (le bras gauche obliquement en haut, le bras droit obliquement en bas). 65, Déploiement des bras (fig. 36). 66, abaissement latéral du bras droit seulement. 67, abaissement en arrière (fig. 38). 68, surélévation.

b) A la barre fixe[1]*:* 69, suspension en extension (fig. 39). 72, balancement en suspension *a)* en avant et en arrière, *b)* latéralement (et plus énergiquement vers la droite). 77, suspension en inclinaison en arrière (fig. 41). 78, inclinaison avec appui en avant (fig. 42 et 43).

c) Aux anneaux: 80, suspension avec inclinaison en avant (fig. 45). 81, suspension avec inclinaison en arrière (fig 46). 82, suspension avec inclinaison latérale (seulement vers le côté gauche). 84, suspension en extension[2]. 87, balancement (fig. 50 et 51).

---

[1] Dans les exercices de la suspension en extension et du saut en suspension on se servira de la selle représentée par la figure 56, page 151: la main gauche saisira cette selle en position dorsale.

[2] Il est bon, dans les exercices de la suspension avec inclinaison latérale, de la suspension en extension et du balancement, de placer l'anneau, que saisit la main *gauche*, un peu plus haut que celui saisi par la main droite.

FIN

TABLE DES MATIÈRES

FIN DE LA TABLE DES MATIÈRES

Lyon. — Imp. Pitrat aîné. A. Rey successeur, 4. rue Gentil. — 3196